FABIEN RICHARD

PERFORMER

DANS LES COULISSES DU SUCCÈS DES FOOTBALLEURS

TALENT ÉDITIONS
115 rue de l'Abbé Groult, 75015 Paris

Photos de couverture : collection personnelle de l'auteur et
© Manuel Braun
Infographies, mise en page et couverture : © Mathilde Legrand

ISBN : 978-2-37815-376-2

FABIEN RICHARD

PERFORMER
DANS LES COULISSES DU SUCCÈS DES FOOTBALLEURS

EN COLLABORATION AVEC MATHIEU COUREAU

Talent Sport

SOMMAIRE

À Stéphanie,
à nos enfants, Lilie, Gaspard et Mia.

AVANT-PROPOS

Je suis mort le 26 mai 1999. Pendant deux minutes. J'avais garé ma voiture au même endroit que d'habitude. J'étais parti faire un footing au Viallet, là où tous les Lamastrois courent. Au bout d'un kilomètre, j'ai senti qu'il y avait un problème. La poitrine serrée, des douleurs dans les mains. J'avais mon cardiofréquencemètre au poignet. Je m'étais arrêté pour faire baisser les pulsations. J'étais reparti. Et le calvaire avait commencé. Je savais que j'étais en train de mourir. Il fallait que je me dépêche. Retourner à la voiture comme je pouvais, surtout sans courir. En contrebas, tout là-bas, des gamins s'entraînaient avec leur prof d'EPS sur le terrain de rugby. Je ne pouvais pas me permettre de les alerter, convaincu que si je le faisais, ils retrouveraient un homme mort.

J'ai mis une quinzaine de minutes à rejoindre mon véhicule, des douleurs atroces dans les mains. J'ai conduit, je ne sais même plus comment. Je suis allé chez les pompiers, mais c'était fermé. J'ai foncé à l'hôpital, notre petit hôpital ardéchois. Je me suis traîné jusque dans le bureau de Christine Gayte, une amie. Elle a appelé Raymond Bouit, le médecin de campagne, un ami de la famille aussi. Puis ma femme, Stéphanie, en lui disant : « Viens tout de suite, c'est Fabien, c'est grave. »

Mon état s'est dégradé brutalement. Mon cœur s'est arrêté. Défibrillateur. Rien. À nouveau le défibrillateur. Je me souviens d'une chose : j'étais inconscient, mort, et pourtant je savais exactement où se trouvait Stéphanie dans la pièce, à chaque instant. Après près de deux minutes sans battre, mon cœur est reparti, faiblement. Un hélicoptère a fini par se poser. On m'a installé dedans, en urgence absolue, direction l'hôpital de Valence où j'ai été opéré, où on m'a posé des stents pour déboucher les artères.

Je suis donc né une seconde fois, le lendemain je dirais, convaincu d'une chose : l'Ardèche et l'amour des miens m'ont sauvé. Convaincu, aussi, que c'est le trop-plein qui a fait que ça a pété. Une forme de suractivité, avec des voyages incessants, une boîte à faire tourner, des charges à assumer, des mauvais payeurs à affronter quand bien même ils peuvent parfois gagner des centaines de milliers d'euros par mois. Certains font un burn-out, d'autres un accident vasculaire cérébral. Moi, c'est le cœur qui a lâché.

Je m'appelle Fabien Richard. J'ai 51 ans. Je suis préparateur physique, spécialisé dans l'individualisation du travail depuis plus de vingt ans. Vingt ans à courir partout en France, en Europe et dans le monde, pour satisfaire aux besoins de footballeurs de haut niveau en majorité, mais aussi pour former, pour transmettre.

Mon bilan carbone est absolument désastreux et j'en suis désolé. Un matin à Londres pour une séance avec un joueur. Le lendemain à Séville pour un autre. Puis à Lyon ou en Italie, voire à Rennes, Shanghai ou Dubaï. Et ce, cinq ou six jours sur sept. Onze mois sur douze. Des plans qui changent la veille pour le lendemain. Des heures de route au volant de mon Citroën Berlingo, des kilomètres avalés, des nuits à dormir sur la banquette arrière, parfois sur des aires d'autoroute entre deux camions bulgares. Une boîte à faire tourner, des connaissances à aiguiser, mille projets à mûrir ou à lancer, des engagements à tenir, des promesses aussi, dont celle-ci : faire de tout cela un livre, que vous tenez aujourd'hui entre vos mains et, croyez-moi, c'est assez invraisemblable quand j'y pense.

À propos de ce livre, soyez convaincu que je l'ai écrit sans prétention aucune. Je veux juste vous raconter tout ça. Ces quelques soirées à Monterrey avec André-Pierre Gignac, ces séances à Sarcelles avec Riyad Mahrez, les marches du Sacré-Cœur à l'aube avec Yohan Cabaye, la grosse voix du papa d'Aravane Rezaï, les séances de musculation chez Arnaud Démare, avec parfois Josué, son père, et j'en passe… Témoigner, oui, partager avec vous mes expériences et mes réflexions sur ce monde du sport de haut niveau si singulier, qui peut-être si laid et si lumineux à la fois pourvu que l'on en comprenne les codes, que l'on s'attache à regarder le beau, le positif, les personnalités derrière les visages instagramés.

Je n'aurais jamais vécu si fort ni survécu si je n'avais pas été Ardéchois, Lamastrois, j'en suis très fier, et surtout fils, petit-fils et arrière-petit-fils de commerçants. J'érige ce dernier point tel un label. J'ai appris grâce à cela le sens du contact, l'empathie, l'écoute et le goût du travail bien fait, les qualités de base à mon sens d'un bon préparateur physique. Je n'aurais jamais fait tout cela, non plus, si je n'avais été frappé par une nostalgie incurable. C'est une belle maladie, un moteur.

J'ai grandi libre. Mes grands-parents et mon père tenaient un magasin de literie et de linge de maison dans le village de Lamastre – 8 h-20 h, six jours sur sept. Ma mère, infirmière à domicile, les a rejoints au décès de ma grand-mère. C'était l'affaire familiale, le commerce dans lequel tout le monde vivait, le père à l'étage dans le bureau, ma mère avec les clients, son sens inégalé des gens, de l'autre. Moi, je traversais la boutique dix fois par jour. Si j'avais le malheur de ne pas dire « bonjour », « merci », « au revoir », je prenais deux baffes. À l'âge de 10 ans, il fallait parfois garder le magasin, conseiller, vendre, rendre la monnaie. C'était alors une vraie mission qu'on me confiait, une responsabilité immense, je me tenais bien droit derrière ma moustache de confiture.

J'ai grandi avec les enfants des autres commerçants du village : Alex et Fred, les fils du charcutier, Nico, le fils du boulanger. J'ai grandi dehors. Je rentrais de l'école, je balançais mon sac et je sortais le plus rapidement possible par la porte de derrière pour que mes parents ne me voient pas. À 19 h, ma mère hurlait par la fenêtre « Fabien, c'est l'heure de dîner », sans même regarder, elle savait qu'on était à portée de voix. On passait notre vie à jouer au foot dans la rue Noire. On cassait des carreaux, des rétroviseurs, une fois les lunettes d'une vieille dame qui sortait tout juste de chez l'opticien – et on s'était bien sûr enfuis. Je ne remercierai jamais assez madame Arsac qui a fermé à vie les volets de sa chambre, ni mon oncle Henri ou Maryse qui payaient les réparations pour nous couvrir. Ça nous a permis d'être champions du monde tellement de fois…

Ma madeleine de Proust, c'est le son du ballon tapant contre la porte du garage qui nous servait de but. C'était le signal. Alex et Fred étaient déjà dehors et moi coincé avec ma mère qui essayait de me faire faire mes devoirs. J'étais moyen, je faisais le minimum, je ne vivais que pour le sport et les copains. Tac, tac, tac. Ils étaient déjà là, et moi je devenais malheureux en trois secondes, empêché, pressé d'en finir. Pendant Roland-Garros, on tirait un fil dans la rue et on jouait au tennis. Une voiture toutes les dix minutes, ce qui laissait un peu de temps. Quand l'été et le Tour de France arrivaient, on roulait, chaque montée du village était un Tourmalet, un Ventoux à nous ; il faisait chaud, beau, on s'aspergeait avec nos bidons, on imitait nos champions. On a développé le business de la réparation de vêtements, on déchirait tout. Chaque année, aussi, on avait droit à nos points de suture, on était les bons clients de la pharmacie ou du docteur.

J'ai appris la débrouille, le dehors. Mes parents voulaient absolument que je fasse de la musique. Ils m'ont inscrit au violon. Je détestais ça. Je partais sur le petit vélo de ma sœur, l'instrument dans un coin et le ballon caché dans un autre de mon sac à dos, pratique pour caler tout ça. Et je bifurquais à l'angle de la ruelle, direction le terrain de foot. Au bout de six mois, que s'est-il passé ? Le prof de violon, vu qu'on se connaît tous, est entré au magasin. Ma mère : « Alors, comment ça se passe avec Fabien ? » Lui, anéanti parce qu'il avait compris : « Fabien ? » Elle m'a alors tendu un piège. Elle est venue me chercher la semaine suivante devant le centre culturel, chose qu'elle ne faisait jamais faute de temps. Onze heures trente. Pour ma part, je revenais bien sûr du terrain de foot non loin. Elle m'a vu. Je l'ai vue. Elle a baissé la vitre. Je lui ai dit en patois ardéchois : « Que fajun ? » (Qu'est-ce que tu fais là ?) Elle : « Que fajun ?! Dépêche-toi de rentrer au magasin. »

Le trajet n'a jamais été aussi long. Et j'ai pris une bonne rouste. Quand j'entends du violon aujourd'hui, j'ai envie de pleurer.

Je me souviens aussi de ce coup de téléphone de mon père au président de l'Entente sportive lamastroise, le club de foot, Gérard Mourier. Je devais avoir cinq ans et demi. Je le regardais d'en bas, lui me paraissait géant. On était dans le salon, et je l'entends encore dire : « Je voudrais prendre une licence pour Fabien. » C'était le plus beau cadeau de ma vie. Dès lors, je n'ai jamais loupé un entraînement, pas même un samedi. À 16 ans et demi, quand Gérard m'a proposé de prendre en charge une équipe du club, j'ai dit « oui » tout de suite. Ça a été le point de départ de ma carrière.

J'ai appris tellement de choses avec les amateurs, ç'a été mon centre de formation à moi. J'ai appris à me débrouiller pour tout. J'ai travaillé et obtenu mon diplôme universitaire de préparation physique chez Cometti avec eux, à Lamastre, sur le thème « Amélioration du diptyque force-vitesse ». Tout cela, sans matériel adéquat... J'ai fini par jouer et entraîner dans toutes les catégories. J'étais à la fac, à Lyon. Je rentrais le vendredi. À 19 h, entraînement. Le samedi, match avec les jeunes. Le dimanche avec les seniors. Puis retour à Lyon le soir. Je ne vivais que pour ça.

À me relire, j'ai l'impression de vous raconter un dessin de Sempé, ou les aventures du Petit Nicolas.

Mais c'était ça, tellement ça. Autant de moments inoubliables qui m'ont donné des amis pour la vie, m'ont forgé, libre, voire libertaire. C'est une ligne de conduite, de vie, qui n'aurait pas été possible sans cette ruralité, sans ce village, sans les liens, sans entraide, sans associations, sans bénévoles, sans engagement, pas au sens militant ni partisan du terme, mais sans engagement pour les uns et les autres. C'est une ligne de vie de laquelle je n'ai jamais pu m'éloigner, et c'est une ligne de crête, aussi. Un chemin qui vous apprend l'autonomie, la malice et l'envie de faire, l'adaptation, mais qui vous fait prendre conscience que chaque médaille a aussi son revers.

J'ai grandi puis vécu dehors et loin. Toujours parti. J'ai épousé une fleuriste, une femme exceptionnelle sans qui je n'aurais pas pu vivre ma passion. Elle est le pilier de la famille, elle me comprend, me supporte, elle porte. Elle m'a donné trois enfants magnifiques, Lilie, Gaspard et Mia, mes fiertés. Mia, notre petite dernière, a longtemps refusé de me parler au téléphone quand j'étais en déplacement et qu'on s'appelait chaque soir tous ensemble. On ne part pas vingt ans, comme ça, sans laisser quelques séquelles. Je vous écris cela parce que je ne veux pas faire rêver. J'ai fait comme j'ai pu, du mieux que j'ai pu.

J'ai envie désormais de raconter, de transmettre, de former. Le métier que j'ai exercé (que j'exerce toujours, mais j'ai levé le pied) a d'abord été tabou. À mes débuts, on me prenait pour un fou, un individu incapable de s'intégrer dans un club, voire un type qui faisait n'importe quoi.

Les structures professionnelles, les staffs ne voyaient pas d'un bon œil que les joueurs ou les athlètes puissent recourir à un préparateur physique en dehors de leurs séances collectives. Puis la pratique s'est démocratisée à mesure que les exigences du très haut niveau ont augmenté. Sans jamais croire que mon idée de départ était ancrée dans les esprits, j'ai continué, vaille que vaille, à délivrer mes séances, à me former, à m'intéresser à tout ce qu'il était possible de faire pour guider ces gens-là, hors norme, vers la performance. Aujourd'hui, tous les joueurs ou presque se vantent d'avoir des préparateurs physiques individuels. Avec toutes les dérives que cela suggère… Si j'avais un modeste conseil à donner aux joueurs, je leur dirais de ne pas faire n'importe quoi avec n'importe qui, d'être vigilant. Il faut apprendre à s'entourer uniquement de compétences, de gens formés et d'expérience.

Quand je vois ce qui vient d'arriver à Paul Pogba, suspendu pour dopage, ça me désole pour lui. Je crois à cette histoire de contamination via des compléments alimentaires. En tout cas, je n'ai jamais rencontré un seul mec qui cherchait à se doper sciemment. À sécher, oui ; à prendre de la masse musculaire ou ce genre de bêtise, oui. Mais pas à entrer dans une démarche intellectuelle pour se charger, comme on dit. Pas lui, en tout cas. Je crois plutôt à un mauvais conseil.

Voici donc sous vos yeux des histoires, mes histoires, une méthode, quelques bases et convictions dont vous ferez ce que vous voudrez au bout du compte, car il s'agit désormais de tracer votre propre chemin. Tout est possible, pourvu que vous croyiez toujours en vous et en vos rêves.

Fabien

PRÉFACE

Par Yohan Cabaye

Je dois vous dire que c'est un honneur que d'écrire ces quelques mots sur Fabien Richard, et ce ne sont pas des paroles en l'air.

Je l'ai rencontré alors que je jouais à Lille. Il vous détaillera certainement les circonstances à sa manière, mais je ne résiste pas au fait de vous raconter une partie de cette histoire car je m'en souviens comme si c'était hier. On jouait un match au Stade de France contre le Lyon de Mathieu Bodmer. Je trouvais ce dernier très en jambes ce soir-là, pour ne pas dire qu'il volait. J'avais donc engagé la discussion avec lui, pendant le match, sur le terrain. « Mathieu, on n'a pas eu les mêmes pâtes à la collation, ce n'est pas possible ! » Il m'a répondu : « C'est la muscu ! » Je lui ai rétorqué que non, que ce n'était pas ça. Le talent, Mathieu l'avait, je le savais. Mais cette dimension athlétique – et sans lui faire injure – ce n'était pas son point fort. Il m'a répondu : « J'ai rencontré un gars, je te donne ses coordonnées après le match. »

Quelque temps plus tard, je le rencontrais enfin. Fabien. Tout simple. Humble. Respectueux. Travailleur. Une énergie. Avec lui, rien ne va jamais mal, tout va toujours bien. On a fait un premier test qu'il a fallu encaisser, digérer, car mon corps n'était pas habitué. On a parlé un peu, je lui ai expliqué ma volonté de travailler, mais aussi et surtout, ma volonté intangible de faire passer le club en priorité. L'objectif, c'était de performer sans me blesser. Je voulais bien sûr travailler pour moi, mais avant tout pour le club que je positionnais tout en haut de la hiérarchie, quoi que j'entreprenne. On s'est donc immédiatement adaptés à la préparation physique dictée au Losc par Grégory Dupont, une référence dans le domaine, que j'avais prévenu et qui n'en avait pas pris ombrage. Si on travaillait dur le matin au centre d'entraînement, on allégeait l'après-midi avec Fabien.

Je voulais franchir un palier, pousser le curseur, explorer les zones rouges. On était en 2008 et je voulais m'entourer. Je lisais déjà beaucoup, j'étais curieux, j'aimais comprendre, je recherchais toujours des axes d'amélioration. Je m'intéressais aussi aux fonctionnements d'autres sportifs, notamment à ces tennismen qui avaient compris l'importance de s'entourer pour les parties techniques, physiques, médicales, un spécialiste dans chaque domaine, qui avait intégré la nécessité d'entretenir de bonnes relations avec les sponsors. Je m'en inspirais. Je pourrais aussi ajouter les cyclistes quant à cette façon de fonctionner. C'est comme si Fabien, finalement, avait rejoint ma propre équipe, au même titre que mes agents, et il se trouve qu'on s'est découvert beaucoup de points communs.

Il m'a fait acheter du matériel chez Decathlon dans un premier temps. Puis on est passés à l'aménagement d'une vraie salle de gym. J'ai investi dans un Vertimax pour travailler le haut et le bas du corps avec des élastiques, il vous le dira. Je me souviens aussi de l'acquisition d'un Miha Bodytec, dès 2014, avant tout le monde. Il s'agit d'une combinaison qui permet une électrostimulation sur plusieurs parties du corps, donc de se muscler. Fabien était avant-gardiste. À chaque fois qu'il venait me voir, il arrivait avec une nouveauté, quelque chose d'utile dont il avait appris à se servir, à cerner les limites et les dangers. Il n'était jamais figé dans son approche et j'adorais ça. Il suivait souvent des formations. J'avais aussi cette appétence. Si je passe tous les diplômes possibles ces dernières années, c'est parce que, comme lui, je veux être à la pointe, me montrer capable, ne pas me sentir dépassé. Se fixer des objectifs est une règle de base dans ce contexte. Vouloir. On était donc en phase.

On a tissé une relation vraie avec Fabien. Il a été un confident, aussi, pendant une décennie. Il sait tout de ma vie.

Il a une capacité d'écoute très grande. Au point qu'à Newcastle, quand il venait, j'étais, je crois, le seul joueur chez qui il acceptait de dormir car il n'aimait pas cela. De toute façon, les choses étaient claires. Je l'avais prévenu : « C'est simple, si tu ne dors pas à la maison, j'arrête de travailler avec toi ! »

Il a agi comme un booster dans ma carrière. Les charges de travail ont augmenté au fil des années. Je prenais cela comme un acte de résilience. Si je ne lâchais pas, alors je franchirais un cap, puis un autre, et ma carrière n'en serait que meilleure. Dans le cas contraire, je serais à jamais un perdant, ce qui n'était pas envisageable. Il était hors de question que je connaisse une relégation, une fin de contrat.

Il se trouve que la seule chose que je pouvais maîtriser, c'était mon travail à moi. J'ai fait de plus en plus attention au repos, au sommeil, à l'alimentation, à l'hydratation. Et j'ai progressé. Fabien m'a permis, non pas de gagner en volume car j'avais naturellement cet atout et je l'écris sans prétention aucune, mais en dynamisme et en puissance au niveau des jambes. Il m'a aidé à mieux résister aux duels.

À la fin de ma période lilloise, je me sentais déjà très bien physiquement. Après un entraînement à Newcastle, j'ai compris que j'étais loin du compte. On a donc redoublé d'efforts, fait évoluer notre approche, en nous adaptant encore plus spécifiquement aux exigences anglaises.

Fabien a alors ajouté un travail cardio et m'a conduit vers ses fameux exercices d'explosivité, si chers à son cœur, sur les deux ou trois premiers appuis. Le connaissant, je suis à peu près certain qu'il vous en parlera à chaque chapitre.

J'ai connu des moments de doutes, bien sûr. Je n'étais pas un robot. Des séances parfois compliquées. Il était alors capable d'adapter. Je me souviens d'une session à Paris. Je lui avais fait part de mes difficultés du moment, de mon besoin de changer quelque chose. Il m'avait dit : « OK, Yo. Demain matin, rendez-vous à 4 h 45 en bas de chez toi. On ira courir. » Il vous racontera la suite. Les rues désertes. Les marches du Sacré-Cœur. Cette idée avait agi comme un déclic chez moi. En courant, je me disais que je prenais de l'avance sur tous les autres qui dormaient encore, bien au chaud dans leurs lits. Ça m'avait fait un bien fou.

Comme tous les précurseurs, il a dû exercer de façon discrète. Ce qu'on avait mis en place en 2008 n'avait rien de commun, n'était pas toujours apprécié par les staffs. Aujourd'hui, les préparateurs physiques personnels sont légion. Je les appelle « les préparateurs Instagram ». Leur travail, leur approche, n'est, pour la plupart, pas bonne, elle n'est pas compatible avec le sport de haut niveau. Ils manquent de savoirs, de compétences, d'expérience. Les jeunes joueurs, convaincus que ça fait bien d'avoir son propre préparateur, se font avoir. Ils se blessent car les séances ne sont pas calibrées, pas pensées, pas dosées en fonction de ce qui est fait en club et on les récupère dans des états pas possibles. C'est un effet de mode dévastateur. Je ne renie pas ce que j'ai moi-même entrepris quand j'écris cela. Mais il ne faut pas oublier l'objectif initial : être en forme et ne pas se blesser.

Sans Fabien, je n'aurais jamais suivi cette carrière. J'ai poussé le curseur au maximum sur le plan physique. Je n'ai aucun regret. Cet homme fait partie des gens extraordinaires que j'ai eu l'honneur de rencontrer. L'histoire n'est pas terminée. Je suis convaincu que le football nous rapprochera encore.

Vous avez de la chance d'avoir son livre sous les yeux. Profitez-en. Il est temps de vous laisser entre les mains de l'Ardéchois.

L'INCLASSABLE HATEM BEN ARFA

Hatem restera à jamais le premier joueur de football dont je me suis occupé. Et je conserve pour lui une grande affection. C'est un mec différent, Hatem. Cyclique. Ailleurs. Attachant. Capable de disparaître puis de réapparaître trois mois plus tard. Agaçant. Souriant. Généreux. Et puis, bien sûr : un joueur de football fantastique.

Je lui dois tout. Je vous raconte.

Pour valider mon diplôme universitaire de préparateur physique, j'ai eu la chance de faire mon stage… à Arsenal, avec Arsène Wenger, période Thierry Henry, Robert Pires, etc. Cela grâce au cousin de monsieur Wenger, Jean-Louis Méranda, qui était le directeur du lycée dans lequel j'étudiais. Je lui ai demandé s'il pouvait me faire entrer chez les Gunners, compte tenu de son lien de parenté avec le coach. J'ai monté un dossier, gravé un DVD sur lequel on pouvait voir quelques séances filmées que j'avais conduites dans le milieu amateur. Un beau jour, monsieur Méranda m'a appelé pour me dire que ma demande avait abouti.

Je n'avais alors jamais pris l'avion. C'était une aventure pour moi, le petit Ardéchois. Depuis, malheureusement, mon bilan carbone s'est assombri. Je me suis présenté là-bas, devant le grand portail du centre d'entraînement de Colney en banlieue londonienne. L'agent de sécurité m'a vu avec mon sac à dos, mon vieux jogging et mon pull miteux. Il m'a demandé de ne pas rester là, de partir. Je lui ai alors sorti une lettre signée Arsène Wenger. Et là, tout s'est ouvert devant moi, comme par enchantement. Moïse devant la mer Rouge. Et j'ai passé des moments formidables. Les gens étaient polis, souriants. J'étais souvent seul au bord du terrain, je pouvais ainsi observer le travail du staff, la posture du coach.

À l'époque, on n'avait pas de smartphones. J'ai donc emmené mon petit appareil photo numérique. Un soir, après quelques jours d'observation, le club organisait une réception. Tout était majestueux. Il y avait là une trentaine de personnes. Arsène Wenger m'a soudainement montré du doigt et m'a invité devant tout le monde à monter à l'étage pour dîner avec l'équipe professionnelle. Je ne savais plus où me mettre, j'étais gêné comme pas possible. J'avais passé des journées entières sur le bord du terrain, il venait me saluer, et là, il m'invitait à la table des grands.

Les selfies n'existaient pas. Un membre du personnel administratif est entré, pendant ce repas, et a demandé à Thierry Henry s'il pouvait prendre une photo avec lui. Je lui ai emboîté le pas, j'avais envie d'avoir un souvenir, d'avoir moi aussi ma photo. Vous devez vous demander pourquoi je vous raconte ces détails, mais vous allez comprendre, tout cela a eu une importance capitale pour la suite.

En rentrant, j'ai quelques propositions de clubs, mais on ne veut pas quitter l'Ardèche avec ma femme. Je vous parlerai d'elle dans un prochain chapitre, car elle est exceptionnelle. À Arsenal, ce que j'avais vu de la préparation physique ne m'avait pas impressionné ni même convaincu. Ça ne correspondait pas à ma vision des choses. Tout le monde faisait le même exercice, en salle comme à l'extérieur, et je me disais que ce ne pouvait pas être que cela, le très haut niveau. J'ai imprimé 150 fois ma photo avec Thierry Henry et j'ai dit à Stéphanie, ma femme : « Je vais envoyer ça à chaque agent qui figure sur la liste officielle de la Fédération française de football. » À chacun, j'ai présenté ce que je pouvais proposer à leurs joueurs, et j'ai glissé la photo pour leur prouver que j'étais bien allé en stage à Arsenal.

Un beau jour de mai, je reçois un appel d'un certain Karim Djaziri. Il était l'agent d'Hatem Ben Arfa et de Karim Benzema. Il me dit : « Je suis intéressé par ce que vous proposez. J'ai un joueur pour qui ça ne va pas du tout à Lyon. » Lyon, c'était à côté de chez moi.

J'étais bien sûr intéressé. Et il me dit : « Ce joueur, c'est Hatem Ben Arfa. » Évidemment, j'avais vu le documentaire À la Clairefontaine, et je regardais tous les matches. Hatem, c'était le top player pour moi, mais il était en difficulté, sortait d'une saison catastrophique et Jean-Michel Aulas voulait le vendre pour une poignée de millions à Saint-Étienne. L'agent me demande combien je coûte. Moi, je ne savais pas du tout. Je lui ai dit 100 euros de l'heure. Le deal est conclu, il me dit que si ça marche avec Hatem, je m'occuperai de Karim, et il me donne le rendez-vous… à Tola Vologe, le centre d'entraînement de l'OL. Pour moi, il était inconcevable qu'on se voie au club. Je me rends quand même devant le centre d'entraînement. Et là, j'aperçois Hatem, seul. Très souriant. Il est toujours souriant, il met facilement l'autre en confiance, c'est naturel chez lui.

Hatem me dit de le suivre dans le centre d'entraînement, qu'il n'y a personne. Je lui dis que ce n'est pas une bonne idée, qu'on ne va pas s'entraîner au milieu de tout le monde. Nous n'étions qu'aux prémices de l'individualisation. Personne n'aurait compris ce que faisait Hatem avec un autre préparateur physique que celui du club. Cela aurait été tout aussi incompréhensible pour la plupart des autres préparateurs et des entraîneurs de l'époque. Je pense d'ailleurs à Robert Duverne qui m'avait attaqué après avoir eu des échos de mon travail avec Bafé Gomis dans le journal L'Équipe, s'en excusant ensuite auprès de Bafé et Yohan Cabaye qu'il avait croisés... Ceci pour vous dire à quel point ce que me proposait Hatem n'était alors pas concevable.

Bref, je demande à Hatem où il habite, s'il a assez de place pour travailler. On se rend à la Cité Internationale, dans son appartement. On fait une première séance. Tout se passe très bien. Hatem bosse dur, comme jamais, me dit-il. Ma première impression ? Ce n'est pas fou-fou d'un point de vue physique. Quelques kilos en trop. La préparation physique, à l'époque, c'était du haut du corps en développé couché, ce genre de choses, penser à être costaud, prendre du volume. Pour moi, il fallait aussi partir du socle, donc du bas, des jambes.

Il ne reste que deux matches de championnat. Mais je le sens très à l'écoute et motivé. Il me demande : « Quand est-ce que je reviens ? » On convient d'une nouvelle séance la semaine suivante. Même engagement de sa part, même ravissement. La saison se termine, Lyon est champion de France, mais Hatem ne se rend pas aux célébrations. Et on se quitte comme ça. Plus de nouvelles.

C'était le premier long silence. Je ne relance jamais le joueur. S'il a envie, il appelle.

Juillet se passe. Début août, mon vieux Nokia bipe : « Salut, tu peux être là demain ? » Je me dis que, finalement, mon travail lui a plu et qu'il voulait peut-être mettre quelque chose en place. Je l'ai donc retrouvé, toujours chez lui. Et là, on a vécu trois mois fantastiques, à bosser comme des fous, une fois par semaine. Je lui avais fait acheter du matériel, qu'il avait installé sur sa terrasse. Des choses très simples, pas besoin de dépenser des fortunes : un kit Decathlon, un rack, des haltères. Moi, je venais avec mes élastiques et mon cerveau. Il était à nouveau chaleureux, souriant, solaire, bosseur.

À Lyon, il y avait un joueur que j'adorais : Mathieu Bodmer. J'avais demandé à Hatem s'il pouvait lui remettre une lettre que je lui avais écrite (il n'y avait pas Whatsapp à l'époque). Il la prend, il l'ouvre devant moi, la lit. Et il me dit, hilare : « Allez, laisse tomber, je vais lui parler de toi directement, ce sera plus simple ! » Je ne le croyais pas, pour moi il n'allait pas le faire. Deux jours plus tard, il me donnait le numéro de téléphone de Mathieu et me disait que je pouvais l'appeler. Je vous présenterai Mathieu plus longuement dans un prochain chapitre, parce que ça vaut le détour.

Mathieu était l'un des proches d'Hatem dans le vestiaire. Il arrivait de Lille. Je le rencontre au Café des Négociants, fin décembre. Très gentil, un peu sur la retenue. J'apprends qu'il vient d'une cité d'Évreux. Je le découvrirais plus tard capable de s'adapter à toutes les situations, un type brillant, qui sera d'ailleurs respecté dans tous les vestiaires où il est passé. Il est intéressé pour que l'on bosse ensemble et me donne rendez-vous en janvier, après la trêve.

On fait une séance avec Mathieu, chez lui, ce qui me permet de le jauger un peu. Et il me propose, pour la suivante, d'en faire une commune, toujours chez lui, avec Hatem. Je valide. Ce dernier m'appelle, n'est pas très chaud. Pas jaloux, mais je sens une résistance, il avait l'impression que je le laissais tomber. Je le rassure, je lui explique que ce n'est aucunement le cas, qu'on va faire des séances communes de temps en temps, mais que chacun restera libre d'en ajouter, s'il le souhaite, en solo.

Les six mois suivants, on fonctionne donc de cette manière. Des séances à trois incroyables. Je dirais même passionnantes. Avec deux joueurs, ça amenait un peu de piment. L'un soulevait 130 kilos, l'autre voulait monter à 135. Ça apportait une émulation, malgré deux physiologies complètement différentes auxquelles je m'adaptais. Bod' était ce grand gaillard, lent, mais qui techniquement était un tueur à gages. Hatem était un peu plus petit et allait très vite balle aux pieds. Je leur faisais à chacun son propre programme de musculation, ils n'avaient pas le même nombre de séries ni de répétitions à effectuer. Hatem aimait bien regarder ses muscles, centré sur lui-même. Mathieu, lui, se foutait de l'esthétique du corps, il voulait juste aller plus vite. J'avais donc là deux mecs différents, deux personnalités distinctes, mais qui s'entendaient bien et travaillaient dur. L'avantage aussi, chez Mathieu, c'est qu'il y avait une partie du terrain en pente. On pouvait bosser ces exercices de petits périmètres que j'adore, ce travail de force avec les élastiques. Comme pour Hatem, je lui avais rapidement fait acheter le kit Decathlon. Aussi, on avait à chaque fois hâte de terminer notre entraînement pour faire un mini tournoi de ping-pong. Certaines ont été homériques car ces gens-là ne lâchent jamais rien. Je trahis un secret : on se retrouvait presque toujours en finale avec Mathieu.

On a donc passé des moments parfois très forts, dans tous les sens du terme. Je ne suis pas quelqu'un de conflictuel, je suis toujours bienveillant, j'accompagne, j'encourage, je positive. Un jour de moins bons résultats, Hatem, qui jouait peu depuis un mois, qui sentait que le coach ne lui faisait plus confiance, se braque pendant un exercice, pour une raison totalement futile. Je ne me souviens même plus du point de départ tant c'était insignifiant. Vexé, piqué, je ne sais pas, il vient contre moi, très soudainement, tête contre tête, front contre front. En une fraction de seconde. Je ne bouge pas. Je ne lâche pas. Il aurait pu me démolir, ces mecs-là sont quand même bien plus costauds que moi. Mais Bod' s'interpose, dit : « Arrêtez, arrêtez ! » La séance se poursuit normalement. Et la suivante, c'est là que je perçois qu'Hatem n'est pas comme les autres : il était de nouveau attentionné, c'était le retour du mec solaire du début, tout était oublié.

Mathieu m'avait dit un jour : « Si tu mets Hatem à Lorient et que tu lui dis que le club doit être champion de France, ils seront champions de France. » Il avait tellement de qualités. Et contrairement à ce que pensent certains, c'était un gros bosseur. Mais cyclique. La limite, chez lui, n'était pas physique – en tout cas, celle-ci pouvait être travaillée – mais mentale. Il n'avait pas cette envie constante indispensable pour performer dans la durée à très haut niveau. C'est le cas de beaucoup de gens, d'ailleurs, dans la vraie vie. Quand certains s'entraînent encore plus dur, d'autres ressentent parfois le besoin de souffler, de faire une pause. C'est humain, je ne juge pas, chacun fait comme il sent, comme il peut. J'ai donc appris à partir de ce moment-là les cycles d'Hatem. Il avait besoin de relâcher, de s'évader. De quitter.

On vivait donc des séances à trois très fortes. Quand Hatem venait. Car, je ne vous l'ai pas dit, mais déjà, au mois de décembre, j'avais senti un léger fléchissement dans son investissement, dans son enthousiasme, après trois mois de travail acharné. Quand on avait mis en place ces moments chez Mathieu, il était assidu au début, mais je sentais que la relation changeait ; il soufflait, il avait perdu cet élan. Au fil des mois, il ne venait plus qu'un coup sur deux.

Cette saison-là, son talent avait néanmoins explosé à la face du monde au bout de deux mois de pratique. Celui de Karim Benzema aussi. C'est cette fameuse saison 2007-2008 où l'OL est porté par ses deux gamins. Hatem était ensuite parti à l'OM contre une quinzaine de millions d'euros, découvrant l'équipe de France A. Tout était en place pour une trajectoire exceptionnelle.

Je savais qu'Hatem avait donc un rapport singulier au travail. Quand il était en haut, il était incroyable, le meilleur joueur du monde. Et quand il était en bas, il n'y avait plus rien de bon. Il y avait le Hatem de cette dernière saison lyonnaise dont je vous parle, celui de Newcastle où il avait été aérien, et celui de Nice où il donnait carrément l'impression de jouer contre des Playmobil, où il volait au-dessus de la pelouse. Et puis il y avait le Hatem de Hull City, Paris, Bordeaux. Plus le même.

Quelques semaines après son transfert à l'OM, j'avais reçu un appel de Michel Ouazine, son conseiller, qui s'occupait désormais de lui en permanence depuis qu'Hatem avait décidé de ne plus traiter avec son agent Karim Djaziri. Il m'avait demandé de venir. Je les avais rejoints à Cassis. Ça s'était passé moyennement. Il voulait vite faire une séance avant un entraînement à la Commanderie. Pressé, pas tellement concerné. Mon fils, Gaspard, venait de naître. Je leur avais dit que ça allait devenir compliqué.

Ce qui est drôle, c'est qu'Hatem avait fait quelques bons mois à l'OM avant que ça se gâte. Il avait rejoint Newcastle où je m'occupais d'un certain… Yohan Cabaye. Les joueurs parlaient entre eux. Yohan savait que j'avais travaillé pour Hatem. Un jour, Yohan, chez qui je dormais quand je montais tout là-haut, me dit qu'Hatem et Michel veulent me voir. On était fatigués. Yohan faisait la sieste. Moi, je m'étais endormi aussi. Hatem et Michel avaient sonné au portail. Et aucun de nous deux n'avait entendu. Fini. Terminé. On n'a pas plus jamais travaillé ensemble.

J'ai recroisé Hatem quelques fois au centre d'entraînement, Yohan m'y emmenait de temps en temps. C'était un plaisir de le revoir, mais on n'a plus jamais parlé de travail.

Hatem était, est, et sera toujours un mystère. Peu de gens ont les clés du personnage. Mathieu Bodmer les a, je pense. Quel phénomène, ce garçon. Si attachant, si insaisissable. Me revient une anecdote. On était à Lyon, dans son appartement. Lui en train de pousser sur une série de squats complets. Sa maman assise dans le canapé. Je ne l'avais jamais vue avant. Arrive un moment de récupération entre deux séries. C'est souvent là qu'on discute d'autre chose que de préparation physique avec les joueurs. Hatem a 20 ans, c'est un gamin. Très touchant, il me dit : « Tu sais, un jour, j'aimerais me marier. » Sa sincérité était désarmante. Je crois, surtout, qu'il avait profité de ma présence pour passer le message à sa maman, juste-là à côté de nous. Et ça m'avait bousculé.

Je vous l'ai écrit dès le début de ce chapitre : Hatem restera à jamais le premier joueur dont je me suis occupé. Gâchis ou pas ? Je ne sais pas. Il reste pour moi ce môme génial, inclassable, insondable.

La bio d'Hatem Ben Arfa

---

37 ans. Né le 7 mars 1987 à Clamart (FRA). 1,78 mètre, 74 kilos. Attaquant.

International français : 15 sélections, 2 buts, entre 2007 et 2015.

Parcours : Lyon (2003-2008), Marseille (2008-août 2010), Newcastle (ANG, août 2010-2014), Hull (ANG, 2014- jan. 2015), sans club (jan. 2015-mai 2015), Nice (2015-2016), Paris-SG (2016-2018), Rennes (2018-2019), sans club (2019-jan. 2020), Valladolid (ESP, jan. 2020-2020), Bordeaux (2020-2021), sans club (2021-jan. 2022), Lille (jan. 2022-2022).

Palmarès : Champion de France 2005, 2006, 2007, 2008 (Lyon), 2010 (Marseille) ; vainqueur de la Coupe de France 2019 (Rennes) ; vainqueur de la Coupe de la Ligue 2010 (Marseille) ; vainqueur du Trophée des champions 2005, 2006, 2007 (Lyon), 2010 (Marseille), 2016 (Paris-SG).

« ÇA, PAS TENNIS » : AVEC ARAVANE (ET ARSALAN) REZAÏ

Aravane Rezaï, elle, est ma première athlète de haut niveau. Je vous raconte. On venait d'acheter, ma femme et moi, une petite maison dans le centre de Lamastre, que l'on avait retapée avec la famille. Au rez-de-chaussée, un magasin de fleurs dont Stéphanie s'occupait. À l'étage, un petit appartement où on vivait tous les quatre.

J'étais ce jour-là assis dans le canapé et je regardais Stade 2. Passe alors un sujet remarquable sur la tenniswoman Aravane Rezaï. Le reportage me captive. On la voit parcourir l'Europe dans un vieux camping-car rouge déglingué avec ses parents et son frère pour aller de tournoi en tournoi. On devine déjà l'influence du père, Arsalan, la gamine qui ne sourit pas. Seul le travail compte. Et on voit des bouts de séances d'entraînement physique. Il me saute alors aux yeux que cette petite cellule familiale ne dispose d'aucune compétence dans le domaine.

Évidemment, aucun problème pour taper dans la balle, Aravane était au-dessus en termes de technique et de puissance. En revanche, sa préparation physique semblait laisser à désirer.

À ce moment-là de ma vie, j'étais professeur d'éducation physique et sportive dans un lycée. J'avais passé tous mes diplômes, dont mon diplôme universitaire de préparation physique. Je venais de boucler mon stage à Arsenal (vous vous souvenez ?) et je me sentais compétent. Je venais de refuser deux offres de clubs de football : Yverdon en Suisse et un centre de formation au Qatar. Pourquoi ? Parce que je voulais développer mon activité de préparateur physique individuel, convaincu que c'était fait pour moi et que ça allait révolutionner le monde du sport de haut niveau. En tout cas que c'était le chemin à explorer.

Je pestais sur mon canapé. Ce n'était pas possible, il fallait quelque chose en plus à cette famille, que j'avais trouvé très touchante dans ce reportage. J'ai alors regardé où Aravane s'entraînait. Saint-Étienne, à une heure et demie de la maison ! Il me fallait donc un moyen de la contacter. À l'époque, pas d'Instagram ni de réseaux sociaux. M'est venue une idée un peu folle : et si je passais par Mahyar Monshipour, le boxeur iranien ? Après tout, la famille Rezaï était franco-iranienne, il devait donc bien y avoir un réseau en France. J'avais beaucoup aimé l'histoire de ce boxeur et j'avais réussi à récupérer l'adresse de son travail, à Poitiers.

Je lui ai donc écrit une longue lettre, dans laquelle je le félicitais pour ce qu'il avait fait, lui disais mon admiration. Je me présentais, aussi, en lui expliquant que j'étais convaincu de la nécessité future dans le sport de haut niveau d'individualiser la préparation physique. Et je terminais en lui disant que ma demande allait sans doute lui sembler dingue, mais que je souhaitais entrer en contact avec Aravane Rezaï, franco-iranienne comme lui, car j'étais convaincu de pouvoir l'aider à progresser.

Quinze jours plus tard, je reçois un mail de Mahyar Monshipour qui m'informe qu'il a transmis ma demande à Arsalan Rezaï. Je n'en reviens pas. Quelques semaines passent et un « Numéro inconnu » s'affiche sur mon vieux téléphone portable Nokia. Je décroche. Une grosse voix d'homme, avec un accent très prononcé, digne d'une série télé : « Bonjour, Monsieur Richard, je suis Arsalan Rezaï. Monsieur Monshipour nous a donné votre contact. Est-ce qu'on peut se rencontrer ? » Après quelques minutes de conversation, j'ai raccroché. Je me suis tourné vers ma femme et je lui ai dit : « Ça y est. C'est parti. Un jour, tu verras, on l'aura notre maison dans les bois. » C'était notre rêve. J'étais convaincu que ma carrière se lançait à ce moment-là, que c'était la chance de ma vie et qu'il fallait tout péter.

J'avais un peu joué au tennis jusque-là, classé 30/2 à mon apogée, autant dire une buse. Il me fallait être sérieux, étudier ce sport particulier pour moi qui connaissait surtout le football. J'ai bûché le sujet, les points forts et faibles de la gamine pendant plusieurs jours. Papa Rezaï m'a rappelé rapidement, je sentais comme une urgence à commencer. La saison allait débuter. J'ai chargé le Berlingo direction Saint-Étienne. Rendez-vous était pris au club de tennis, dans le quartier de Montreynaud, au-dessus du stade Geoffroy-Guichard. La zone était désaffectée. Des carcasses de voitures brûlées. J'étais arrivé en avance, j'avais préparé des circuits d'exercices sur un demi-terrain extérieur avec des échelles, des petites haies, un gros élastique noir pour pousser sur le premier mètre, des cônes. L'idée, c'était de lui faire faire des blocs de travail du type quinze secondes d'effort, quinze secondes de récupération, à travers des ateliers.

La famille est arrivée. Aravane, très gentille et très distante à la fois du haut de ses vingt ans. Le papa, imposant. Le frère en guise de sparring-partner. La maman qui faisait office de masseuse. La prise de contact est très rapide et on débute quasi immédiatement, pas de fioriture.

La disposition du terrain est faite de telle manière qu'Arsalan nous observe depuis le haut d'une butte enherbée, tel un lion sur sa pierre plate, bras croisés. Sa voix et sa tête me font bien évidemment peur, il est impressionnant, mais je fais abstraction et je me concentre sur Aravane. On fait cinq minutes d'exercices. Et soudain, j'entends cette grosse voix caverneuse qui me hurle : « Ça, pas tennis ! » Ces paroles me glacent le sang. Et je me dis intérieurement : « Moi, pas rentrer Ardèche. » Je rigole en vous écrivant ça, mais je ne faisais vraiment pas le malin quand j'ai entendu ça. « Ça, pas tennis. »

J'avais deux choix : soit je m'écroulais, soit je lui tenais tête. Allez savoir pourquoi, mué par une force insoupçonnée et une totale inconscience, je l'ai regardé droit dans les yeux et je lui ai dit : « Si, si. Ça, tennis. » Il aurait pu me gifler, j'aurais volé jusqu'au fond du court. Mais Arsalan ne dit rien quand je lui réponds. Il nous regarde pendant dix minutes, s'en va au club house et attend que l'on termine la séance. On entre dans la pièce avec Aravane, je vais lui serrer la main et le remercier, comme un adieu dans mon esprit, et il me demande : « On se revoit quand ? »

De gentille, discrète, polie, Aravane s'ouvre un peu plus au fil des séances. Je la vois toutes les semaines pendant plusieurs mois entre les tournois. Je la découvre joyeuse par moments. Je variais beaucoup les entraînements. Ils avaient toujours lieu sur un demi-terrain. Si c'était à refaire, d'ailleurs, je l'aurais sortie de ce contexte. Comme pour les footeux, on serait allés travailler dans des escaliers, en pleine nature. Ça ne lui aurait sans doute pas fait de mal et on aurait été plus efficaces.

Avec nous, toujours son grand frère, sa maman, son père. J'ai appris à connaître un type avec, je pense, un bon fond, mais un peu fou, très protecteur, d'une exigence quasi pathologique envers sa fille. Elle portait tous les espoirs d'une famille, elle était la pépite qui allait les sortir de la mouise. Ça faisait lourd sur ses épaules. Il lui demandait tellement. Elle maugréait, c'était dur, voire insoutenable quelquefois.

J'ai déjà vu son père faire du panier avec elle. Il était près du filet, elle en fond de court. Il avait piqué une colère. Il estimait qu'elle ne frappait pas assez fort, qu'elle n'était pas assez concentrée, pas assez dedans. Alors, il s'était mis à lui hurler dessus. Je vous jure que le bonhomme est impressionnant, il avait jeté sa raquette au sol et lui criait : « Allez, tire-moi dessus, tire-moi dessus maintenant, tire-moi dessus de toutes tes forces. » Il était penché en avant et Aravane frappait les balles, frappait les balles, et lui, il les renvoyait de la tête, peur de rien. Quand on sait qu'Aravane était l'une des joueuses les plus puissantes du circuit, je vous laisse imaginer les impacts. J'ai vu cela de mes propres yeux… Il voulait tellement que sa fille réussisse. Ce sont des récits qu'on lit assez régulièrement dans le milieu du tennis, d'ailleurs, à propos de ces parents omniprésents. Monica Seles, Caroline Garcia, Marie Pierce… Une ou deux fois, on s'était retrouvé à faire des séances avec uniquement son frère. On sentait tout de suite une atmosphère plus détendue.

J'ai appris, et cela aussi dit beaucoup de choses, qu'avant d'avoir ce vieux camping-car rouge, Arsalan traversait Saint-Étienne en Mobylette par tous les temps avec Aravane sur le porte-bagages pour l'emmener sur les courts. Quand il neigeait, ils partaient un peu plus tôt pour dégager le terrain afin de pouvoir jouer. Arsalan n'était pas un mauvais bougre, je crois, mais il ne connaissait pas les limites et devenait toxique pour la carrière de la petite. Trop tout. Ces gens étaient isolés de tous les circuits fédéraux habituels. C'est sans doute ce qui m'a le plus frappé et touché à la fois : cette solitude, cette façon de se battre pour tout, de se saigner pour un rêve, celui de voir leur fille devenir numéro 1 mondiale, cette sorte d'urgence à tout faire, tout gérer, tout maîtriser, aux forceps. Ç'aurait pu se passer tellement différemment s'ils avaient su s'entourer, déléguer.

J'ai quitté la famille Rezaï alors qu'Aravane intégrait le top 20 mondial après un peu plus de six mois de collaboration. Elle avait progressé même si, bien sûr, elle aurait dû aller plus loin dans le domaine de la préparation physique et de la diététique. Mais je ne lui jette pas la pierre. On était en juin. Papa Rezaï m'avait appelé pour me demander si je pouvais venir le lendemain. Et je lui avais répondu que je n'étais plus disponible. Je ne voyais pas de perspectives sur le plus long terme avec eux. Je venais d'attaquer avec Hatem Ben Arfa. Je voulais me consacrer plus intensément aux joueurs de football. Et je dois avouer que le calcul était vite fait : j'étais payé 50 euros la séance avec les

Rezaï. Je perdais de l'argent à faire tous mes allers-retours à Saint-Étienne. Je n'ai plus jamais eu de nouvelles.

Petit aparté : financièrement, j'ai assez rapidement opté pour la formule du forfait annuel, que j'ai adapté en fonction du nombre de séances planifiées et de la distance géographique à parcourir, charge à moi de m'occuper de la logistique, train, hébergement, repas, voitures de locations, etc. Ce qui pouvait osciller entre 20 000 à 30 000 euros par an. J'ai compris qu'avec les joueurs, il convenait de simplifier la prise en charge et toutes les démarches associées.

Aravane a performé pendant un an encore. Puis ç'a explosé. En 2011, elle portait plainte contre son père pour « harcèlement moral, violences volontaires et menaces de mort ». Sa façon à elle de couper enfin le cordon, sans doute. C'était de toute manière inévitable. Quelque temps plus tard, elle renouait avec lui. Tout le monde était profondément malheureux de la situation. J'ai vu qu'après une longue traversée du désert, elle tentait un come-back. Canal+ a d'ailleurs sorti un beau documentaire, il y a quatre ans, Le chemin d'Aravane. Je lui souhaite surtout de trouver une forme de paix. J'avais beaucoup d'affection pour cette gamine.

La bio d'Aravane Rezaï

37 ans. Née le 14 mars 1987 à Saint-Étienne. 1,65 mètre, 62 kilos. Droitière, revers à deux mains.

Meilleur classement : quinzième joueuse mondiale le 11 octobre 2010.

Quatre titres : Sofia (2009), Strasbourg (2009), Bastad (2010), Madrid (2010). Troisième tour Wimbledon (2007), 8e de finale à l'US Open (2006) et Roland-Garros (2008).

MATHIEU BODMER, LE MAGNIFIQUE

Je m'aperçois qu'il y a un joueur dont je vous parle, depuis le début de ce livre, à quasiment chaque chapitre : Mathieu Bodmer. Il est important dans ma vie. C'est en 2007 que je l'ai rencontré. Vous vous souvenez de cette histoire où j'avais demandé à Hatem Ben Arfa de transmettre à Mathieu une lettre manuscrite de ma part ? Hilare, Hatem avait ouvert l'enveloppe et l'avait lue devant moi, avant de me dire : « Laisse tomber, je vais lui en parler directement, ça ira plus vite. »

On s'était donné rendez-vous au Café des Négociants, à Lyon, un joli endroit, dans lequel Éric Abidal avait des parts à l'époque. J'avais, comme souvent, une image trompeuse de lui : le grand blond. Avec des chaussures noires. Un gars issu de je ne sais quel beau quartier, talentueux, pour résumer. Je découvre quelqu'un de sympathique, d'ouvert. On était en fin d'année. Il me dit que mon travail l'intéresse et on décide de mettre en place des séances à partir du mois de janvier.

Je me retrouve donc chez lui, une belle maison dans les Monts d'Or. Et je me rends vite compte que Bod' est assez éloigné de l'image que je m'en faisais. C'est un mec des quartiers, un mec qui sort de la Madeleine, à Évreux, d'où viennent aussi les Dembélé, Upamecano, Mandanda, etc., un vrai lieu de football. Et je vois qu'il est assez chauvin, aussi attaché à son quartier que moi à mon Ardèche. Deux mondes différents, rural et urbain, qui se rencontrent. Il me partage aussi son amour fou du sport. La NBA, le tennis, il regarde tout, il bouffe des matches à longueur de temps. C'est un homme de réseaux, qui avance en bande, il sait faire, il est respecté.

Il était arrivé de Lille, dans un deal avec Jean II Makoun, je ne sais pas si vous vous souvenez. Il était tantôt titulaire, tantôt sur le banc, tantôt milieu récupérateur, tantôt en défense centrale. Balloté. Beau joueur. L'OL lui préférait parfois Kim Källström. Moi, je trouve qu'il avait un Kim Källström dans chaque jambe.

On commence donc à travailler. Son plus grand défaut, disons sa plus grande lacune, était son manque de vivacité, d'explosivité. Pour une fois, je ne suis pas allé vers son point fort, à savoir assimiler le jeu avant les autres, sa technique, mais plutôt sur son point faible. Vous me connaissez un peu, désormais, et vous allez vous dire que, bien sûr, ça m'arrangeait. Vous n'avez pas tort. Élastiques, trois premiers appuis. Ça se passe bien. Il gagne sa place, il fait une saison pleine, devient champion de France.

On fait des séances avec Hatem parfois, comme je vous le racontais. Je prends un plaisir fou à le rejoindre. C'est un rapport sportif et humain qui s'installe. Il est charmant. On peut parler de tout. Chaque séance se termine par une partie de ping-pong. Je peux vous assurer que je n'ai jamais perdu contre lui. Sa femme m'apportait toujours un plateau-repas avant que je reprenne la route direction l'Ardèche. Leurs enfants, Matéo et Timéo, étaient souvent là, assistaient à ses entraînements ; des amours.

Mathieu, évidemment, et vous le savez, parlait de ce que l'on faisait ensemble à d'autres joueurs, comme Yohan Cabaye. Il progressait, il était reconnaissant. Il m'a présenté un de ses potes d'Évreux, qui jouait alors à Caen : Bernard Mendy. Je suis allé le voir deux ou trois fois en Normandie. Une crème, un soleil. Il m'est arrivé de les coacher tous les deux avec Timothée Kolodziejczak chez Mathieu dans sa maison près d'Évreux. Un beau domaine dans lequel je me souviens de quads, de chiens. Bod' était toujours habillé en joueur de NBA, maillot jaune des Lakers.

Il est travailleur quand je suis là. Je comprends tout de suite qu'il ferait beaucoup de choses après sa carrière. Il cherche, il est curieux, il écoute. Déjà, en 2007, il me parlait de sa volonté de fusionner les deux clubs de football existants à Évreux pour en faire une belle structure. Il avait monté ce projet avec Bernard Mendy, il m'avait demandé de préparer un dossier sur la question de la préparation physique. Il en est devenu le président, en parallèle de sa carrière de joueur de 2009 à 2013, gérait 700 à 800 licenciés, les staffs. Ce n'est pas banal. Je ne suis pas étonné de le voir directeur sportif au Havre aujourd'hui, et ce n'est à mes yeux qu'un tremplin.

On a travaillé près de trois saisons ensemble, dans son sous-sol, dans des pentes, on a axé le travail sur la force en bas de corps. On s'est quittés quand il a rejoint le PSG. C'était son rêve, il le nourrissait comme Demba Ba depuis toujours. Je suis parti le voir deux fois là-bas, il habitait un lotissement près de chez Néné, Hoarau, dans une ambiance de bande. Puis il s'est blessé au mollet. Il a souvent été aux prises avec des blessures qui ne lui permettaient jamais de faire des saisons complètes. Ancelotti parlait pourtant de lui comme d'un phénomène. Je ne sais pas ce qui lui a manqué. Peut-être est-il allé à son maximum après tout.

C'était un joueur magnifique, Bod'. Sa technique, son jeu entre les lignes, sa vision, sans compter qu'il rassurait dans un vestiaire. Il m'avait demandé de descendre le voir, une fois ou deux, à l'OGC Nice, pour travailler, avant que cela ne s'étiole à nouveau. On s'est recroisés à Amiens quand je m'occupais de Sehrou Guirassy, un bonheur. On continue à se suivre sur les réseaux sociaux. Il ira un jour très haut dans un très grand club, j'en suis convaincu. Il est programmé pour ça.

La bio de Mathieu Bodmer

41 ans. Né le 22 novembre 1982 à Évreux (FRA). 1,90 mètre, 90 kilos. Milieu.

Parcours : Caen (2000-2003), Lille (2003-2007), Lyon (2007-2010), Paris SG (2010-jan. 2013), Saint-Étienne (jan. 2013-2013), Nice (2013-jan. 2017), Guingamp (jan. 2017-2017), Amiens (2017-2020).

Palmarès : vainqueur du Trophée des champions 2007 (Lyon), champion de France 2008 (Lyon), 2013 (Paris-SG), vainqueur de la Coupe de France 2008 (Lyon), finaliste du Trophée des champions 2010 (Paris-SG), finaliste de la Coupe de France 2011 (Paris-SG).

ANTHONY MOUNIER, CELUI QUI EST ALLÉ LE PLUS LOIN POSSIBLE

Anthony est devenu un proche, je peux le dire. Rendez-vous compte : on a commencé à travailler ensemble en 2007 et, dix-sept ans plus tard, je lui envoie toujours des programmes de séances en Grèce. C'est celui que j'ai suivi le plus longtemps. C'est Mathieu Bodmer qui a joué les intermédiaires, bien malgré lui. Mathieu était ce jour-là en salle de musculation, au centre d'entraînement de l'Olympique Lyonnais. Il avait sur lui une petite fiche en papier avec des séries d'exercices que je lui demandais de réaliser entre nos sessions. J'utilisais un logiciel qui n'existe plus, Cardisport, pour l'élaboration de séances individualisées et de programmes. J'y mettais l'exercice à effectuer, un petit pictogramme, ainsi que le nombre de séries, de répétitions, de charges et le temps de récupération.

Anthony Mounier, l'un des petits jeunes du club – on est en 2007 – est venu le voir et le questionner sur cette fiche, car Mathieu la sortait de temps en temps pour y jeter un œil. Ça l'intéressait, il voulait travailler plus, estimait que les joueurs n'en faisaient pas assez au club. Mathieu m'a donc parlé de lui. Je voyais qui c'était car je dévorais beaucoup de matches, je lisais le journal L'Équipe tous les matins, mon petit rituel. Il était déjà bon en sélection chez les jeunes. Morgan Schneiderlin m'avait aussi parlé de lui un jour où il avait rencontré avec Strasbourg la fameuse génération 2007 de l'OL, la plus grande qu'il n'y ait jamais eu à Lyon : Ben Arfa, Benzéma, Rémy, Riou, Payot, Mounier, etc. Lors de la causerie, son entraîneur leur avait dit : « Voyez tous ces noms. Il n'y en a qu'un dont il faut se méfier : c'est Anthony Mounier. »

C'était donc un bon petit joueur. Patte gauche. Pas très grand. Plutôt fin, sec. Que des avantages, donc. Un jour où je suis chez Mathieu Bodmer, Anthony Mounier arrive. Je rencontre un jeune homme assez timide, réservé, surtout par rapport à « Bod » qui en impose. On fait une séance d'explosivité en côte sur cinq ou six mètres, car Mathieu habitait dans les monts d'Or. Le gamin accroche vraiment et, de mon côté, je sens tout de suite qu'il sera travailleur.

On effectue des séances chez lui, au sud du stade Gerland, non loin du centre d'entraînement de Tola Vologe, dans un petit appartement qui dispose de deux chambres. On en avait condamné une pour installer le matériel.

On attaque dès la première semaine, un jeudi, un gros travail de force. Le samedi, Anthony est titulaire et délivre deux passes décisives. Il se dit que c'est incroyable, fait le lien avec notre travail, et c'est parti.

Comparé à des centaines d'autres joueurs, je peux vous assurer que quand il arrêtera sa carrière, Antho pourra se dire qu'il n'a rien à regretter. Physiquement, il est allé au maximum de ce qu'il pouvait offrir. Sans doute n'a-t-il pas toujours fait les bons choix de carrière, diront certains, mais n'empêche qu'il a tout donné.

On travaille dur pendant un an à Lyon, chez lui, sur son petit balcon, avec les échelles, les élastiques, les poids, vue sur d'autres immeubles. Petit à petit, je fais la connaissance de sa copine, Anne-Sophie, qui deviendra son épouse et la mère de ses enfants, une jeune femme simple, fille de légionnaire, intelligente, bosseuse, pétillante, énergique. Un chouette couple. Je découvre, après un mois de travail, un mec chambreur, le plus chambreur de tous, affable, aimé dans un vestiaire : une crème.

Il devient champion de France, mais n'est néanmoins pas titulaire indiscutable. Il faut dire que la concurrence est redoutable. En juin, il vient à Lamastre, le pèlerinage classique, vous connaissez à présent. Sa maman est d'Étoile-sur-Rhône, à une heure de la maison. C'est un Drômois. Son papa a disparu très tôt, décédé d'une crise cardiaque. Dès l'âge de 12 ans, il était en pensionnat à Lyon.

Encore un parcours de vie singulier, dont on devine aisément les ressorts de motivation.

Sous ses airs de petit rigolo, il bosse. La saison se passe, une séance par semaine, jusqu'à ce qu'il m'annonce que son agent lui a trouvé une place à Nice. Changement de décor, donc, en septembre 2009, et changement de statut. On passe à une jolie maison du côté de Carros et à des sessions de trois jours de travail individualisés par mois, avec envoi de séances entre chaque. Le tarif augmente, bien sûr, et il l'accepte volontiers.

Nice est un formidable terrain de jeu : des pentes, du sable, la plage, les palmiers. Notre relation devient de plus en plus forte, je suis très content de lui et il s'impose assez vite comme un titulaire indiscutable. Souvent, chaque veille de match, il m'appelle pour ajuster une séance stato-dynamique. En fait, il comprend vite que tout passera par le travail, se montre curieux, toujours en quête d'améliorations, jusqu'à se poser des questions sur le gluten, jusqu'à devenir végan. Autre point important à mon sens : il a pour ami un certain Karim Benzema qui, lui aussi, n'aura de cesse de travailler et franchir les paliers. Je pressens une forme d'émulation à distance entre ces deux-là.

Anthony fait ainsi des saisons à Nice remarquables, il est intenable sur son aile, il vole, termine co-meilleur passeur du championnat, commence à recevoir des préconvocations en équipe de France, lui qui est titulaire chez les Espoirs. Petit problème de taille : à son poste, les titulaires sont Ribéry ou Malouda, autant dire une classe supérieure. Il loupe le train pour peu de chose en 2011 avec Laurent Blanc.

En 2012, alors qu'il a acheté entretemps une maison à Mougins, de grosses propositions arrivent sur la table, dont celle de Montpellier qui vient d'être nommé champion de France. Cap à l'Ouest. Anthony vient toujours à la maison quand il peut, les enfants sont ravis, ils l'adorent puisqu'il débarque à chaque fois avec des paquets de bonbons. On avait été invités à son mariage à Nice, petite pensée pour le curé qui chantait « Viva Nissa la belle » à tue-tête lors de la soirée, un dingue de l'OGC.

Dans l'Hérault, on conserve le même rythme de travail. Cela ne se passe pas bien au début. Anne-Sophie est enceinte, à deux doigts d'accoucher. Elle est restée à Nice. Antho a une maison, mais fait les allers-retours, ce qui implique beaucoup d'heures de route. Il a toujours privilégié la famille. Il a besoin de trois choses pour performer : 1. Être au top physiquement ; 2. Savoir que sa famille vit bien ; 3. Se sentir aimé. À Montpellier, il arrive dans un club familial qu'il adore, mais qui vient d'être champion de France. Il n'est donc pas au centre du projet, il doit refaire ses preuves. Préoccupé, il se blesse. C'est logique chez un sportif de haut niveau. Le nombre de blessures musculaires, de pubalgies qui se dessinent lorsque les mecs ont des soucis en dehors du foot, c'est incalculable. Antho n'y a jamais échappé, lui non plus.

Cela dure un mois ou deux. Il n'a pas son cocon. Il réalise une saison moyenne. J'essaie de le maintenir à niveau mentalement, de le motiver. Il me présente Gaëtan Charbonnier, un peu dans la même situation que lui, qui vient d'arriver. On bosse tous les trois de temps en temps. Antho progresse toujours, mais la tête n'y est pas, il se pose beaucoup de questions.

Celui qui va le relancer, c'est Rolland Courbis, un meneur d'hommes au phrasé incomparable. La confiance du coach, le petit Malo qui est arrivé, Anne-Sophie qui l'a enfin rejoint, tout qui va bien. Les points dont je vous parlais sont au top. Donc il performe, les étoiles à nouveau alignées en 2014-2015. Les offres arrivent. Lui n'était jusque-là pas intéressé par les offres étrangères. Mais cette fois, il opte pour Bologne, en Série A italienne.

Nouvelle destination pour mon Citroën Berlingo. Il m'emmène partout, notamment dans de petites trattorias extraordinaires. Je découvre une ville magnifique où on emmènera d'ailleurs à nouveau la camionnette neuf places des Amis du foot. Il s'y impose, lance des mots italiens qu'il ne comprend même pas dans le vestiaire. Il est vite adopté. Il fait six très bons mois avant de se blesser à la cheville, où il avait depuis toujours une fragilité. À son retour, il perd en partie la confiance du coach. Là-bas, on bosse un peu cachés, une vieille habitude. On ne connaît pas trop l'Italie, ni le rapport des staffs avec ce travail individualisé. À Montpellier et Nice, ils savaient qu'Antho avait un prépa, mais là, on se méfiait.

Ce rythme dure deux ans. Jusqu'à une proposition de Saint-Étienne. En tant que supporter stéphanois, je me dis que ça y est, je vais enfin avoir mon premier joueur à Sainté. C'était sans compter sur l'un des plus grands sketches qu'a connus le monde du football. Antho atterrit à Lyon, le contrat est signé, tout va bien, il descend à Saint-Étienne. Et là, il découvre que les supporters stéphanois ont déployé partout en ville des banderoles insultantes à son égard. Des « Rentre chez toi Mounier, on ne veut pas de toi, on va te tuer ». Certains déboulent même, menaçants, dans le bureau du président Romeyer. Bref, le feu. Pourquoi ? Parce qu'Antho venait de l'OL, l'ennemi juré. Mais aussi à cause d'une célébration un peu véhémente contre les Verts alors qu'il venait de marquer sous le maillot niçois quelques années plus tôt. Les supporters avaient ressorti la vidéo sur Twitter et c'était parti. Embrasement à Sainté.

Un pote m'envoyait les photos de murs tagués au centre d'entraînement des Verts. Des injures, des menaces. Coincé, il a besoin d'une protection. Quelques jours plus tard, l'entraîneur Christophe Galtier le met quand même dans le groupe à l'occasion d'un déplacement. Le club reçoit des courriers de menace : « S'il enfile le maillot, on brûle tout. » Incroyable. Bilan : le lundi, Antho reçoit un appel des deux présidents qui lui annoncent qu'ils doivent casser le contrat, qu'ils n'ont pas le choix. Il sera resté sept jours là-bas. Et je n'ai toujours pas mon maillot de Saint-Étienne !

Tout le monde a fait ce qu'il fallait pour qu'il retrouve vite un club. Le voilà à Bergame. Jolie ville aussi, la découverte de l'Italie continue. Un ravissement, ce pays. Il se retrouve dans un groupe très fort et travaille beaucoup. Les séances collectives sont costaudes là-bas, j'adapte donc les miennes. Mais il n'est pas titulaire, donc il n'est pas heureux, donc il craque.

Il répond favorablement à une offre du Panatinaïkhos, en Grèce. Il a pris goût à l'étranger, aux voyages, aux nouvelles aventures. Lui et Anne-Sophie sont tombés complètement amoureux de ce pays . Ils ont fait construire une maison à Glyfáda, se disant que, peut-être, ils y resteront à vie. Là-bas, Anne-Sophie développe ses activités. Outre le fait d'avoir participé à Koh-Lanta, elle a monté une entreprise de Kangoo Jumps. Elle est suivie par 400 000 personnes sur Instagram, est devenue une vraie businesswoman qui donne des cours partout en Europe. Tous les deux sont très réseaux sociaux.

Surtout, ils sont encore très exigeants au niveau des entraînements. Ils ont leurs routines sportives quotidiennes, aussi bien elle que lui. Leurs corps passent avant tout. Ils mangent sainement et ils s'éclatent. Leurs deux fils seront, je pense, joueurs professionnels. Malo et Tom sont au centre de formation du Panathinaïkos. Ils promettent beaucoup.

Anthony termine gentiment sa carrière en D2, à Smyrnis. Je lui envoie des séances bénévolement, mais je n'y vais plus depuis le Panathinaïkos. À chaque fois qu'il vient en France, il nous invite chez sa mère. L'été dernier, on est allés à la pêche à la truite dans nos rivières ardéchoises avec nos enfants. On s'est fait de grands barbecues. Ça ressemblait de très près au bonheur.

Antho est l'une des rares personnes dans ce milieu en qui j'ai une confiance totale et qui sait que je serai toujours là pour lui.

La bio d'Anthony Mounier

36 ans. Né le 27 septembre 1987 à Aubenas (FRA). 1,74 mètre, 69 kilos. Milieu.

Parcours : Lyon (2007-2009), Nice (sept. 2009-2012), Montpellier (2012-2015), Bologne (ITA, 2015-2017), Saint-Étienne (27 jan. 2017-30 jan. 2017), Bergame (ITA, 31 janvier 2017-2017), Panathinaïkos (GRE, 2017, jan. 2019), Panetolikós FC (GRE, jan. 2019-2019), Apollon Smyrnis (GRE, 2020-2021), GS Kallithéa (GRE, 2021-2024).

PARIS, 5 H, LES MARCHES DU SACRÉ-CŒUR ET YOHAN CABAYE

Hatem aura donc, à jamais, été le premier. Mathieu Bodmer le deuxième. Jusqu'à une rencontre de championnat entre Lyon et Lille. En plein match, un certain Yohan Cabaye va voir Mathieu et lui demande ce qu'il a fait pour être dans cette forme olympique. Ce à quoi il lui répond : « Je t'expliquerai après. »

Mathieu ne m'en a pas parlé. Un jour, je reçois un appel de l'agent de Yohan Cabaye, qui est aussi celui de Mathieu. « Est-ce que ça t'intéresse, qu'est-ce que tu peux faire pour lui ? » Je connaissais le footballeur, bien sûr, je l'avais d'ailleurs croisé à Lille presque deux ans plus tôt.

Je vous raconte ? En sortant de mon stage à Arsenal, j'avais envoyé une lettre à Claude Puel, qui était en poste au Losc, pour lui demander si je pouvais venir observer ce qu'il faisait dans le Nord. Il m'avait répondu favorablement. J'étais monté de mon Ardèche avec mon increvable

Citroën Berlingo. C'est formidable comme voiture. Elle me permet de dormir sur les aires d'autoroute, entre deux chauffeurs poids lourds ukrainiens, équipé d'un matelas et d'un duvet, et d'y fourrer tout mon matériel de préparation physique quand j'en ai besoin. Le domaine de Luchin, le centre d'entraînement du Losc, venait d'être inauguré, c'était magnifique. Claude Puel m'avait accueilli, très sympathique, respectueux. Il m'avait emmené sur un terrain d'entraînement, présenté au préparateur physique du club qui m'avait expliqué la séance à venir.

Le premier à sortir du vestiaire n'était autre que… Claud Puel. On était en février, il faisait trois degrés. Il était en short et en maillot et il se mettait à trottiner, à faire des talon-fesses, des montées de genoux. Il participait de bout en bout à l'entraînement. Il mettait des pains, détestait perdre, haranguait les joueurs. De tous les joueurs, c'est lui que je voyais le plus, avec… Yohan Cabaye, tout jeune, mais qui montrait déjà des qualités techniques et une vista au-dessus de la moyenne. Me revient d'ailleurs cette phrase d'André-Pierre Gignac, avec qui j'ai travaillé au Mexique, bien plus tard : « Un de mes plus grands plaisirs en équipe de France était de vite rejoindre Yohan, qui sortait toujours le premier à l'échauffement, et de faire avec lui des transversales de cinquante mètres tellement il était propre techniquement. »

Un an et demi après ces observations à Luchin, Rudi Garcia avait pris la place de Puel, et je commençais donc de mon côté le travail avec Yohan à Lille. Il était titulaire en club, il jouait déjà en équipe de France Espoirs, s'installait dans le paysage. Il m'avait accueilli chez lui. Il venait d'acheter une maison typique, en briques, à Mouvaux, au nord de Lille, entre Roubaix et Tourcoing. Il vivait seul. Je le trouvais plutôt fit'. Il travaillait la puissance maximale aérobie, ce genre de choses. Et moi je voulais lui amener un peu de force, une activité physique différente, complémentaire.

Yohan m'avait prévenu qu'il n'avait pas de matériel. Je lui ai donc dressé une liste de choses à acheter chez Decathlon, le fameux kit : un rack à squats, un banc de musculation, un kit de 120 kilos de poids, des élastiques, des échelles, des Swiss Balls. J'avais tout monté dans son garage. Yohan était bosseur, très agréable. Il était prêt pour travailler plus que ce qu'il faisait. J'ai découvert – ça va avec – un mec qui se fixait sans cesse des objectifs. Lui, c'était l'équipe de France A et l'Angleterre.

Je le trouvais déjà très attentif à tout. Exemple : un samedi de match, alors qu'il était suspendu, on avait bossé dans son garage une partie de l'après-midi. Puis il m'avait emmené avec lui voir le match. Juste avant, il avait passé un peu de temps dans sa salle de bains. En sortant, je l'ai vu habillé pour l'occasion, bien sapé, pas pour se la raconter, mais par respect pour le club, pour l'institution. Idem quand il signera plus tard au PSG. Le jour de la signature, il avait mis costume et cravate. Nasser al-Khelaïfi, le président, l'avait d'ailleurs félicité pour cette marque de respect. Gana Gueye m'a avoué il y a peu que lorsqu'il était au centre de formation du Losc, les jeunes dont il faisait partie adoraient voir arriver Yohan en voiture. Toujours bien habillé, à l'heure, poli. C'était leur modèle, encore plus pour Gana qui jouait milieu de terrain comme lui.

On travaillait bien à Lille. Au point de passer à deux séances par jour quand je montais le voir : haut du corps le matin, bas du corps après sa séance au club où il avait un excellent préparateur physique, Grégory Dupont, qu'il avait prévenu de notre collaboration et qui n'en avait pas pris ombrage, bien au contraire.

On a bossé deux mois comme ça, en avril et mai. Plus de nouvelles ensuite pendant un mois. Je commençais à me dire que c'était terminé, que je ne le reverrais plus. Sa présaison ne se passait pas au mieux, il était remplaçant sur les premiers matches, Garcia lui faisait moins confiance. Arrive le derby à Lens, ce soir de septembre 2009. Yohan entre à la 70e minute de jeu et prend un carton rouge direct moins d'une minute plus tard. Là, il me rappelle et me dit : « Fabien, là, il faut qu'on envoie la sauce, ça ne peut plus durer. »

À partir de ce moment-là, où il avait tellement été piqué, la machine était lancée. Il s'est mis à bosser comme un fou. Il fallait s'accrocher. Je le voyais tous les mois.

On appuyait sur la répétition des efforts explosifs et le renforcement musculaire général. Il est monté en puissance, est devenu chemin faisant titulaire indiscutable de ce milieu de terrain lillois que Garcia avait composé en triangle avec Yohan, Mavuba et Balmont, certainement le meilleur milieu de France. Ils n'avaient loupé la Ligue des Champions qu'à la dernière journée. En équipe de France Espoirs, Yohan était devenu le capitaine.

La saison suivante, Lille réalisait le fameux doublé coupe-championnat. Cette équipe était injouable avec les Rami, Debuchy, Hazar, Sow, etc. Sur le banc ou en tribune, un certain Aubameyang. J'ai pu vivre des moments forts, chez lui. Il arrivait au bout de son expérience chez les Espoirs, question d'âge. Il m'avait emmené à Moucron, en Belgique, voir jouer les Bleus. Il avait été reçu par René Girard de manière très chaleureuse et respectueuse dans le vestiaire.

Yohan n'est pas un leader par la voix. C'est un leader par la voie, par l'exemple qu'il donne. Yohan n'a cessé de travailler, y compris pendant ses coupures estivales où il me demandait de venir à Istres, chez son ex-belle-famille. Pourquoi ? Parce qu'il avait toujours de nouveaux objectifs comme je vous l'écrivais un peu plus haut. Il avait désormais l'équipe de France A en point de mire. Il aurait pu y prétendre dès 2010, mais, par chance ai-je envie de dire, Raymond Domenech ne l'avait pas emmené en Afrique du Sud.

Yohan a fini par quitter Lille pour l'Angleterre en 2011. Il avait deux propositions sur la table : Aston Villa et Newcastle. Je m'attendais à plus gros, je dois l'admettre. J'espérais Arsenal pour lui. Il a visité les installations et a opté pour Newcastle. Ç'a été le bon choix, contrairement à ce que pensaient pas mal de gens.

En Angleterre, il m'hébergeait chez lui quand j'allais le voir. Il venait me chercher à l'aéroport. Il devenait beaucoup plus qu'un joueur pour moi. Je me souviens de cet appel, dès la fin de son premier entraînement avec les Magpies : « Fabien, ça va à 3 000 à l'heure ici. Si on ne bosse pas plus, on est morts. » Il avait raison. On s'était donc mis d'accord sur les tarifs, c'est aussi une partie de mon métier, car se rendre à Newcastle, ce n'est pas comme monter à Lille. Pour aller là-bas en direct, il fallait être parisien. Pour moi, l'Ardéchois, ça voulait dire à chaque fois le Berlingo jusqu'à l'aéroport de Lyon ou Marseille, une escale à Düsseldorf, une correspondance, etc. Sept ou huit heures de voyage.

J'ai découvert un nouveau pays et, là-bas, une ville formidable, charmante, étudiante, vivante, une ville de supporters qui respirait foot. J'ai tellement aimé l'Angleterre, que tous les deux ans, désormais, j'y emmène tous mes potes footeux amateurs. On est neuf, on fait un minibus et on roule pendant dix-huit heures pour assister à un match de l'un des joueurs dont je m'occupe. Une année, on est allés voir Yohan. Il nous attendait avec un maillot pour chacun, avait pris des photos avec tout le monde, un amour.

En plus d'être intelligent, bosseur, chaleureux, je trouve que la personnalité de Yohan s'est de plus en plus affirmée avec l'âge. Quand il a débarqué à Newcastle, il a eu l'intelligence de s'adapter à la vie anglaise. Il n'a pas fait comme tous ces Français qui, à l'étranger, ne font pas l'effort d'aller vers les autres ni d'apprendre la langue tout de suite. Yohan, lui, a pris des cours, s'est intégré naturellement. Les gens ont apprécié.

À Newcastle, pour vous dire à quel point il ne laissait rien au hasard, il s'était fait livrer un but. Un vrai but, aux dimensions homologuées, dans son jardin où il pouvait frapper à vingt mètres environ. On pouvait tout travailler là-bas. Il avait fait de son chez-lui un vrai centre d'entraînement avec tapis de course, etc. Il était entré dans une quête d'amélioration permanente. Il avait compris, en réalité, que son corps était son outil de travail.

On me demande souvent si je n'ai jamais eu peur de « casser » un joueur en le faisant travailler ainsi en plus de ce qu'il faisait en club. La réponse est non. Les charges étaient quantifiées, je faisais attention à être là au bon moment. La semaine suivante, je ne mettais rien. Je couplais avec ce qu'ils faisaient aux entraînements. Ce n'était pas difficile, ils faisaient tous à peu près les mêmes choses. Sauf un : Bielsa. Pour les joueurs qui s'entraînaient avec Bielsa, il était quasi impossible de mettre du travail en plus. C'était de la folie pure. Marseille, Leeds, il tuait les mecs. Pendant six mois, ses équipes volaient, puis elles ne mettaient plus un pied devant l'autre.

On faisait parfois, avec Yohan, des séances sur la plage, j'adorais le faire travailler dans le sable, pas loin de chez lui. Il avait du temps. Il n'avait pas de copains à aller voir, ses parents n'étaient pas là, lui qui est très famille.

Il s'est épanoui là-bas et c'est naturellement que l'équipe de France est arrivée, avec Laurent Blanc. Là encore, il s'était fixé l'objectif d'avoir le plus de sélections possibles. Il a quand même terminé sa carrière en bleu avec deux championnats d'Europe et une Coupe du monde, une cinquantaine de sélections. Les gens l'ont oublié, mais l'équipe de France ne se serait pas qualifiée pour la Coupe du monde 2014, au Brésil, si les Bleus avaient perdu contre l'Ukraine en 2013. Celui qui sauve Deschamps, c'est Sakho avec ses deux buts, mais c'est aussi Yohan au match retour, que L'Équipe surnomme d'ailleurs « le Petit Prince ». Contre l'Allemagne au Mondial, je pense que si la France avait pu compter sur Ribéry, elle serait passée et devenait championne du monde.

En parlant de cet événement planétaire, je dois dire que tous les joueurs que j'ai pu suivre sont toujours rentrés carbonisés de cette compétition. À tel point qu'ils ne veulent plus entendre parler de football. Ça leur pompe un tel influx nerveux. Mentalement, ils sortent de là vidés. Après la Coupe du monde 2014, on n'avait d'ailleurs fait aucune séance avec Yohan. Impossible, il ne pouvait plus, n'en voulait plus.

Cette année-là, Yohan avait rejoint le Paris Saint-Germain en janvier. Le premier mois, il vivait à l'hôtel InterContinental. Tout son matériel était resté en Angleterre. Il me louait une chambre. On n'avait pas de place. Alors on se retrouvait à mener des séances à cinq heures le matin, du côté du Sacré-Cœur. On partait en footing, capuche sur la tête pour qu'on ne le reconnaisse pas. On traversait Paris à l'heure du ramassage des poubelles. Et on arrivait sur un terrain de jeu que j'adore : les marches des escaliers. On faisait trente minutes de force pour finir tout en haut à observer la ville qui se réveillait. On rentrait, on petit-déjeunait, et on se donnait rendez-vous quelques semaines plus tard.

À Paris, Yohan avait fini par louer un appartement qui appartenait à Nicolas Anelka, à Boulogne, vue sur les terrains de Roland-Garros. On avait travaillé sur son balcon, jusqu'à cette fameuse Coupe du monde au Brésil. Au sortir d'une nouvelle saison avec Paris, il a reçu un appel d'Alan Pardew, son ancien entraîneur à Newcastle, qui lui demandait s'il voulait le rejoindre à Cristal Palace. Le club lui avait présenté un vrai contrat. Il avait l'assurance d'être la pierre angulaire du projet sportif. Il avait donc accepté et, encore une fois, il avait raison. J'allais par conséquent le suivre à Londres cette, fois. Dans une maison magnifique à Kingston upon Thames.

On a passé deux ou trois belles années à travailler, là encore. Il a vraiment été bon. Toujours cette constance dans le travail, ce même niveau d'exigence. Il savait que s'il lâchait, il était foutu. Pareil à Dubaï, où il a passé une saison après cette expérience londonienne. Yohan voulait juste être bon. Il voulait être au meilleur de sa forme, malgré un niveau de championnat très, très bas. Ça me rappelle une anecdote. J'avais emmené ma famille une semaine là-bas. Ma femme, qui n'était pas spécialiste football, m'avait dit lors d'un match de championnat que l'on avait suivi depuis les tribunes : « Mais on est où, là ? C'est quoi ce niveau de jeu ? » Le contrat était joli. L'expérience de vie était assez dingue. Yohan vivait dans un grand appartement sur La Palm, vue mer forcément. Je sentais qu'il s'ennuyait, ce qui ne l'empêchait pas de tout donner à l'entraînement et de rester exemplaire. L'expérience s'est terminée en eau de boudin. Les dirigeants pensaient qu'il marquerait 20 buts par saison…

Il en a fait une dernière à Saint-Étienne, où il devait retrouvé Claude Puel. Cela a été compliqué. Je sentais la fin arriver. Yohan avait tout mis en œuvre pour atteindre ses objectifs. Je crois qu'il y était parvenu, même s'il n'est jamais devenu champion du monde ni champion d'Europe. Il arrivait au bout du chemin et il a mis un point final au bon moment.

C'est l'un des rares joueurs qui m'ont appelé, sitôt leur carrière terminée, pour m'exprimer sa gratitude. Il m'avait dit, ce jour-là au téléphone : « Fabien, je souhaite te remercier pour tout ce que tu m'as apporté. Tu as été une pierre angulaire dans la réussite de mon projet sportif. » Sa déclaration a duré quinze minutes. Je me taisais. J'avais les larmes aux yeux. Pour la petite anecdote, afin de vous dire combien cet homme est reconnaissant, il a continué à me payer au même tarif que les quinze années précédentes lors de sa dernière saison à Saint-Étienne, alors que ce n'était qu'à une heure et demie de chez moi. Il n'y en a pas beaucoup des comme lui.

Il était pour moi évident qu'un jeune comme Yohan ferait carrière dans le football après avoir été joueur. On reste curieux et attentif toute sa vie. Il lui arrivait de m'appeler pour me demander des conseils de lecture dans le domaine de la préparation physique, le développement personnel, le business. Il les dévorait. En 2021, Yohan a fait partie des candidats retenus pour suivre le fameux cursus de manager général du CDES de Limoges. C'est drôle, d'ailleurs : entretemps, j'avais fait la connaissance de Julien Pinot, qui entraînait alors le cycliste Arnaud Démare à la Groupama-FDJ. Je vous en parlerai aussi dans un autre chapitre, car j'aime beaucoup les cyclistes, et Arnaud en particulier. Julien intégrait aussi la formation à Limoges. Lui et Yohan se sont ainsi retrouvés dans la même promotion pendant deux ans. Et entre gens compétents et intelligents, cela ne pouvait que matcher. Au bout de quelques jours, je recevais un selfie d'eux deux sur mon téléphone.

Dans le même temps, Leonardo, qui avait fait son retour au PSG, avait été missionné par Nasser al-Khelaïfi pour proposer un poste à Yohan, lui qui n'avait pourtant pas encore de diplômes. Ça veut tout dire. Désormais, il coordonne le centre de formation parisien, continue à se former, à apprendre. Et je suis convaincu qu'il se dirige tout droit vers un poste magnifique de dirigeant dans le football.

La bio de Yohan Cabaye

38 ans. Né le 14 janvier 1986 à Tourcoing (FRA). 1,73 mètre, 72 kilos. Milieu de terrain.

International français : 48 sélections, 4 buts, de 2010 à 2016.

Parcours : Lille (2004-2011), Newcastle (ANG, 2011-jan. 2014), Paris Saint-Germain (jan. 2014-2015), Crystal Palace (ANG, 2015-2018), Al-Nasr Dubaï (QAT, 2018-2019), Saint-Étienne (2019-2020).

Palmarès : champion de France 2011 (Lille), 2014 et 2015 (Paris-SG) ; Coupe de France 2011 (Lille) ; Coupe de la Ligue 2014 et 2015 (Paris-SG) ; finaliste du championnat d'Europe 2016 (France) ; finaliste de la Coupe d'Angleterre 2016 (Crystal Palace).

CARL MEDJANI, LE TRAVAILLEUR OBSESSIONNEL

C'est une longue histoire, Carl Medjani, une belle histoire qui perdure. Je le fais d'ailleurs intervenir dans ma formation à Lamastre, destinée aux préparateurs physiques, dont je vous parlerai dans un prochain chapitre. Il vient raconter son expérience pour que les apprenants comprennent le cheminement d'un joueur qui a été un grand espoir du football tombé au fond du trou, puis ressuscité grâce, notamment, à tout le travail de préparation physique qu'il a su entreprendre et suivre scrupuleusement. Il a une élocution au-dessus de la moyenne, il est passionnant, il est vrai.

Son parcours est incroyable. J'arrive dans sa vie alors qu'il joue à Ajaccio. Tout se passe dans un hall d'hôtel, dans la banlieue de Newcastle, alors que j'attends pour donner une séance à Demba Ba et Yohan Cabaye. Je reçois un message de Benjamin André, avec qui je travaille à

Ajaccio : « Fab, un joueur de l'équipe m'a demandé ton numéro, est-ce que je peux le lui donner ? » Pas de problème. Dix minutes plus tard, coup de fil de Carl Medjani : « Bonjour, je me présente, je suis Carl Medjani et je joue à l'AC Ajaccio. » Et il me fait un laïus pendant trente minutes, se présente, se raçonte, me dit qu'il sait bien qu'il n'est qu'un joueur d'Ajaccio, que mes prestations doivent coûter cher, mais que peu importe, il veut absolument travailler avec moi. Je lui réponds que je ne sais pas, qu'il n'est pas ma cible. Il avait déjà 26 ans. Et puis, c'est assez immodeste ce que je vais vous écrire, mais je préférais regarder la Ligue des champions que le bas de classement de Ligue 1 ou la Ligue 2. Après cette hésitation de ma part, je le sens dépité. Je finis par lui dire que je le rappelle sous trois jours pour lui donner ma réponse.

Je me renseigne auprès de Benjamin sur le mec, la personnalité, j'apprends que c'est un gros travailleur. Je fais mes petites recherches et je m'aperçois qu'il est originaire du village de Péage-de-Roussillon, pas très loin de chez moi. Pendant ce temps, Carl me harcèle de messages. Je le sens motivé. Je finis par accepter.

Je lui donne donc rendez-vous à Ajaccio à l'occasion d'une séance avec Benjamin. Un très joli appartement où il vit avec sa copine. On discute beaucoup, Carl a toujours des choses à raconter. Je sens un mec passionnant. Et je l'invite à aller faire une séance dehors, entre deux palmiers.

Bien sûr, vous me connaissez désormais, je monte le curseur sur une séance que je juge cependant moyennement difficile. Carl explose. Un classique du genre. J'ai face à moi un type avec un gros cardio, plutôt costaud sur le haut du corps, mais pas habitué à ce que je lui fais faire. Je le teste sur l'explosivité et là, il est faible. Le plus faible que je n'ai jamais eu sur ce point. Le bilan est donc assez simple pour lui : travailler son point fort, à savoir qu'il soit toujours en mesure de répéter les efforts, et mettre l'accent sur l'explosivité, les trois premiers mètres. À Ajaccio, il joue défenseur central, avec tout ce que cela implique : fort sur l'homme, agressif, généreux, guerrier.

On se met donc à bosser comme des dingues. Il m'explique son parcours au fil des séances. Carl est un garçon atypique. Repéré très jeune, capitaine des équipes de France 16 ans, 17 ans, 18 ans… C'était un peu la petite star. Il était au centre de formation de Saint-Étienne avec Bafé Gomis. À l'époque, les mineurs ne pouvaient pas être transférés. Mais lui était quand même parti à Liverpool, déclenchant un tollé dans la presse et les institutions françaises. Là-bas, il s'était retrouvé à l'entraînement avec les meilleurs et ne jouait que très peu. S'ensuivit une multitude de prêts, à Metz, Lorient, le faisant régresser petit à petit jusqu'à ce qu'il se retrouve à Ajaccio, en Ligue 2 puis en Ligue 1 à la faveur d'une montée. Son père lui avait dit qu'il ne serait jamais un grand joueur. Carl lui avait répondu : « C'est la dernière fois que je parle de football avec toi. Je ne serai peut-être jamais un grand joueur, mais je vais quand même tout faire pour le devenir et te le prouver. »

À partir de là, Carl met tout en place. Il a déjà, quand je le rencontre, de grosses connaissances dans le domaine de la préparation physique. Il s'est entraîné à l'Insep avec Renaud Longuèvre, son meilleur pote n'est autre que Ladji Doucouré. Il sait ce que c'est que de travailler dur, mais ne l'a pas vraiment mis en place.

C'est dans ce contexte que je travaille avec lui en Corse. Soit il continue de plonger, soit il se relève. Je lui dis deux choses : avec ce niveau d'explosivité, tu ne vas pas y arriver. Avec ce poids-là, tu ne vas pas y arriver non plus. Pour moi, il devait perdre deux ou trois kilos.

On attaque le boulot sur ces bases. Il progresse. Trois mois plus tard, le documentaire Intérieur Sport sur Yohan Cabaye est diffusé sur Canal+. Les joueurs d'Ajaccio sont alors en mise au vert et le regardent, tous ensemble dans une salle. J'apparais à l'écran quand Yohan est filmé en train de faire des exercices spécifiques. Et là, Johan Cavalli, l'un des joueurs emblématiques de l'ACA, lance que Cabaye est fou, que c'est n'importe quoi, qu'il en fait trop, sans savoir que deux de ses coéquipiers, Carl et Benjamin, font la même chose avec moi. Évidemment, ils se gardent bien d'intervenir.

Cette anecdote résume d'ailleurs beaucoup de choses de ma vie. Quand je me suis lancé il y a vingt ans, on me prenait pour un fou. J'aime cette phrase, longtemps attribuée à tort à Schopenhauer : « Lorsqu'une idée vient révolutionner un système, il s'ensuit trois phases. D'abord, elle est ridiculisée. Puis elle est décrite comme dangereuse. Enfin, elle est considérée comme ayant toujours été une évidence. »

Carl mesure rapidement la différence grâce au travail qu'il fournit. Je le vois une fois par mois, je lui envoie beaucoup de séances à suivre en solo. Il est extrêmement rigoureux. On est en janvier 2013. Il reçoit une offre de Monaco, alors en Ligue 2 et à la recherche de mecs capables de lui faire retrouver l'élite du football français. Carl a le profil, il a déjà vécu cela. Il rejoint la Principauté dès janvier. Il y a là un vrai projet, un contrat de trois saisons et demie, et un salaire qui augmente de manière très conséquente.

C'est là que se produit le deuxième point de bascule de la carrière de Carl après l'échange avec son père. Il n'y a plus qu'une seule chose qui compte pour lui dès lors qu'il a franchi un palier financier : la sélection algérienne. En équipe de France, il joue jusqu'en Espoirs, mais sait qu'il ne pourra pas passer le cran au-dessus. Sa maman est française, son père est kabyle. Il fait alors le choix de l'Algérie, bien qu'il ne parle pas arabe, et cela devient son obsession.

À Monaco, on travaille dans une jolie maison sur les hauteurs de la Turbie. L'ASM remonte en Ligue 1 à l'issue de la saison ; comme prévu, Carl est titulaire. Il reçoit alors une offre de l'Olympiakos, supérieure encore à celle de Monaco. Il pense qu'il est sûr de jouer là-bas, ce qui est à ses yeux primordial pour pouvoir prétendre à la sélection algérienne qu'il a intégrée en 2010 et, objectif ultime, participer à la Coupe du monde 2014 au Brésil. Il est titulaire indiscutable avec l'Algérie, mais il redouble d'efforts.

Nous voilà donc à travailler en Grèce. Maison de plus en plus jolie. Là-bas, je dors les premières fois chez lui, puis à l'hôtel. J'assiste à un match. On débriefe à la fin. Il me demande ce que j'en pense. Je suis cash et je lui dis qu'il n'a pas beaucoup couru et que je trouve le niveau assez faible. Je lui dis que cela ne nous arrange pas, ce genre de match de possession pour le très haut niveau. Arrive un moment où Michel, l'entraîneur, le sort de l'équipe. Carl est tellement furieux, tellement travailleur surtout, qu'il lui arrive alors de rentrer d'un match où il ne joue pas, de se changer, d'enfiler une veste de sudation, et d'aller effectuer un travail intermittent dans les rues du Pirée à deux heures du matin. De se positionner en bas d'un escalier et d'enchaîner les 15×15 avec frénésie, avec un gilet lesté. Le vrai Carl, c'est lui. Un acharné de boulot. Presque maladif. C'est le plus gros travailleur que je n'ai jamais rencontré, avec Anthony Mounier, le Lyonnais, dont je vous parlerai dans un futur chapitre.

Comme il joue moins, comme il doit jouer pour ne pas perdre la sélection algérienne, il décide de se faire prêter à... Valenciennes, en Ligue 1. Un choix étonnant sur le papier, mais loin d'être idiot. Là-bas, il joue et s'assure donc d'être sélectionnable.

Dans le Nord, on poursuit donc nos séances. Elles sont homériques. Il est capable de travailler à n'importe quelle heure du jour et de la nuit. Il a une jolie petite maison au sud de Lens, qu'il loue, avec une piscine dont, je pense, il ne s'est jamais servi. On s'entraîne devant chez lui ou sur le golf, non loin de là. Je peux amener des machines dans mon Berlingo. Il est sélectionné pour les qualifications à la Coupe du monde. Arrive ce fameux match de barrage pour la Coupe du monde où il marque contre le Burkina Faso. Son père est là. Et il lui dit : « Tu vois, papa, tu peux être fier de moi. » Il avait réussi son pari.

On se prépare alors pour la Coupe du monde. Des séances folles. Carl aime toujours savoir ce que l'on va faire quand je viens le voir. Un jour, je ne lui annonce rien. J'arrive avec trois élastiques. Une séance très courte. Trente minutes. On y met tout. De la très haute intensité. La plus difficile de toute sa vie. À la fin, je lui dis qu'il est prêt pour la compétition. Il l'était. Il était au summum de ce qu'il pouvait faire. C'est cette fameuse Coupe du monde où l'Algérie perd en huitième de finale contre l'Allemagne, 2-1, qui remportera le trophée.

Sa cote explose, sur le marché turc notamment. Il signe un gros contrat avec Trabzonspor. Trabzon, ce n'est pas Istanbul. C'est au nord de la mer Noire, ce n'est pas beau, c'est le lieu de vacances de beaucoup de Saoudiens. C'est un choc des cultures. Des clivages entre riches et pauvres : des mecs à cheval qui tirent des calèches d'un côté de la rue, des voitures de luxe rutilantes de l'autre. Là, Carl fait de belles saisons avec Vahid Halilhodžić qui fait bosser ses joueurs comme des malades, ce n'est pas une légende. Cela convient très bien à Carl, qui a besoin de cette énergie. Moi, j'adapte mes séances. Carl navigue entre deux postes : défenseur central et milieu de terrain récupérateur. Il est capitaine de la sélection.

Il quitte Trabzon parce qu'il n'est plus payé. Il rejoint donc Levante, la Ligua, puis Leganès, avant de revenir à Trabzon où il avait laissé un excellent souvenir, puis Sivasspor. J'ai perdu Carl, si je puis dire, quand il est parti en Arabie saoudite pour ses derniers contrats. Je n'avais plus rien à lui apporter.

Carl est sans doute le joueur qui a fait le maximum de ce qu'il pouvait accomplir en termes de préparation physique individualisée. Lui sera en mesure de dire qu'il ne pouvait pas faire mieux, ni plus. C'était un travailleur obsessionnel, capable de pousser le curseur jusqu'à vomir d'un excès d'efforts. On est allés très loin. Il était d'une précision folle. C'était, en ce sens, mon Arnaud Démare du football. Il aurait pu être préparateur physique. J'ai même pensé un jour lui vendre la moitié de mon entreprise. Mais je crois que ça ne l'aurait pas amusé longtemps de se déplacer autant toutes les semaines.

Aujourd'hui, c'est un mec qui investit dans des sociétés, vit avec femme et enfants au Péage-de-Roussillon. Je trouve dommage qu'il ne joue pas un rôle important au sein de la sélection algérienne. Il apporterait tellement. C'est un leader. C'est un vrai bel être humain, quelqu'un qui aime parler, consulter, échanger, qui est poli, respectueux. J'ai un regret avec lui, un seul : ne pas avoir pu me rendre à l'enterrement de sa maman. On était en plein Covid et je sortais de mon infarctus. Mon médecin m'avait fortement déconseillé d'y aller.

La bio de Carl Medjani

39 ans. Né le 15 mai 1985 à Salaise-sur-Sanne (FRA). 1,84 mètre, 84 kilos. Défenseur central.

International algérien : 62 sélections, 4 buts, de 2010 à 2018.

Parcours : Saint-Étienne B (2002-2003), Liverpool (ANG, 2003-2004), Lorient (prêt, 2004-2005), Metz (prêt, 2005-2006), Lorient (2006-2007), Ajaccio (2007-jan. 2013), Monaco (jan. 2013-2013), Olympiakos (GRE, prêt, 2013- jan. 2014), Valenciennes (prêt, jan. 2014-2014), Trabzonspor (TUR, 2014- jan. 2016), Levente (ESP, jan. 2016-2016), Leganés (ESP, 2016- jan. 2017), Trabzonspor (TUR, jan. 2017-2017), Sivasspor (TUR, 2017- jan. 2019), Ohod Club (SA, jan. 2019-jan. 2020), FC Salaise (jan. 2020-2022).

Palmarès : champion de France de D2 2013 (Monaco). .

JUSQU'EN CHINE AVEC DEMBA BA

Demba fait partie des gens que je n'oublierai jamais. Cette présence, cette posture, ce grand mec, immense, costaud, si Sénégalais, qui, comme quelques autres, n'était pas passé par un centre de formation, avait galéré, erré au gré des refus après s'être présenté dans des clubs de petites divisions, en France et en Angleterre. Rouen, alors en CFA, avait fini par lui donner sa chance et il avait marqué sept buts en trente-deux matches. Puis Moucron, en D1 belge, où il s'était fracturé tibia-péroné très rapidement après avoir marqué un but par match.

Demba, c'est un roman. Parti de rien, revenu de tout, mais avec, toujours au fond de lui, cette petite flamme.

C'est son agent, Alexandre Gontran, qui me contacte. L'un des rares agents, avec Benoît Biancheri, que je respecte énormément. Alexandre a toujours été curieux, en avance sur la recherche. En 2011, il a connaissance de mon travail alors que les réseaux sociaux ne sont pas développés.

Ça parlait dans le milieu. Il m'appelle et me dit : « J'ai Demba Ba, qui joue en Allemagne, à Hoffenheim, et je pense qu'il y a quelque chose à faire. » On discute un peu. Je travaillais déjà pour Hatem Ben Harfa, pour Mathieu Bodmer et Yohan Cabaye. Alexandre, lui, avait été, dans une autre vie, éducateur à Montrouge où il avait côtoyé Hatem. Il était fan de Bodmer et Cabaye. Ça nous a tout de suite rapprochés.

On convient donc d'un rendez-vous avec Demba, à Paris, lors de l'une de mes montées à Lille, où je retrouvais régulièrement Yohan Cabaye. Il me donne rendez-vous dans une maison absolument quelconque de banlieue parisienne où vivait Demba et sa famille, où Demba rentrait de temps en temps d'Hoffenheim.

Le premier contact est très moyen, voire moyen moins. Alexandre est là, il y a aussi Demba et sa maman. On est le matin. On s'installe autour de la table de la salle à manger. Et je fais face à un type pas bien réveillé, pas très souriant, qui se demande ce qui se passe. Je commence même de douter à un moment qu'il comprenne bien ce qu'on se dit et ce dont on parle. Un peu interloqué, je lui propose donc de faire une séance et il me répond que non, pas maintenant, me confie qu'il a un peu mal d'un match joué la veille. Et c'est tout. Oui, c'est tout.

On s'est quitté. J'ai dit à Alexandre : « Si vous avez besoin de moi, vous me rappelez. » Dans ma tête, je me disais que je venais de perdre mon temps, et que je n'avais pas envie de perdre mon temps.

Trois semaines plus tard, le téléphone sonne à nouveau et on convient d'une première tentative de séance individualisée, à Hoffenheim cette fois. Je prévois le voyage, l'avion, la voiture de location. Tout est calé. La veille de notre rendez-vous, je reçois un appel. C'est Demba qui annule. Très bien. Je ne dis rien, convaincu de toute façon que ce contact est déjà de l'histoire ancienne.

Je suis tout de même du coin de l'œil sa progression. Il réalise une très belle saison en Allemagne, et je m'intéresse surtout au feuilleton de son transfert à West Ham, en Angleterre. Il avait changé d'agent, lequel le forçait à aller au clash avec Hoffenheim pour partir. Sauf que les Allemands n'aiment pas ces méthodes et que cela a provoqué un tollé général outre-Rhin, avant qu'il ne parte finalement.

On est un an et demi après ce dernier coup de fil de Demba qui annulait notre première séance. Après six bons mois à West Ham, il avait rejoint Newcastle. Et y retrouvait un certain… Yohan Cabaye, qui était devenu champion de France avec Lille et que je continuais à entraîner. Je regarde son premier match : Arsenal – Newcastle. Yo est titulaire, fait un match correct, me dit combien c'est incroyablement dur, physiquement, en Angleterre, même aux entraînements. Demba, lui, avait été mauvais. Et je m'étais dit : « Celui-là, s'il ne bosse pas, il est mort. »

Comme par hasard, quatre jours plus tard, je reçois un appel d'Alexandre Gontran, qui s'occupait à nouveau de Demba : « Salut Fab, Yohan et Demba ont parlé de toi. Il est toujours chaud pour bosser, est-ce que tu veux bien t'engager ? »

Un peu refroidi par les premiers échanges avec Demba, je me dis que je vais quand même profiter d'une séance avec Yohan pour le voir. Ils n'habitaient pas loin, à quelques kilomètres l'un de l'autre. Je n'avais qu'une seule idée en tête : lui donner une séance. Parler c'est bien, mais je suis un artisan, j'aime toucher, ressentir, renifler, être dans l'action.

Demba me reçoit chez lui. Dans son jardin. Un vrai jardin à l'anglaise où le jardinier passe à n'importe quelle heure de la journée, entre sans prévenir, pour soigner la pelouse. C'est sacré, le gazon, là-bas, même quand on est locataire. On était en crampons, je faisais faire à Demba des exercices très, très difficiles pour lui. Pour résumer de façon un peu triviale, je le fracasse, je lui fais répéter des efforts très explosifs. Un peu comme avec Riyad Mahrez, je le leste de dix kilos avec des t-shirts spéciaux, je le fais bosser sur de petits périmètres, je l'accroche à mes élastiques, je lui fais bosser les appuis sur les trois premiers mètres, je me positionne comme un défenseur adverse pour qu'il passe le bras. Je le bouscule, je l'emmène dans ses retranchements, il transpire, il donne tout.

Les joueurs ne sont pas habitués à la très haute intensité en semaine. Ils ne la vivent quasiment qu'en match, et au maximum une fois dans la semaine lors des entraînements. Mon but, encore une fois, est que cela soit aussi dur, voire plus, qu'un match.

Je dois dire que pendant ces séances courtes et intenses, je prends aussi des pains. Je mesure 1,74 mètre. Le nombre de fois où mes lunettes ont volé pendant ces séances, où je recevais des coups dans le nez… Pour la petite histoire, je crois que c'est avec Sadio Mané que j'ai le plus souffert. Je me retrouvais parfois couvert de bleus tellement il y avait de contacts.

Demba découvre donc ce fameux travail, comprend alors, de façon définitive, que son salut au plus haut niveau passera par là. Il s'ouvre au fil de la séance, termine carbonisé, me dit qu'il n'a jamais autant travaillé. Alexandre, son agent, me fait un retour positif de son côté. Et c'était parti. Pour la vie.

On ne s'est plus jamais quitté. Cela a marqué le point de départ d'une collaboration exceptionnelle. Demba a marqué des buts avec Newcastle, beaucoup de buts, plus d'une trentaine en une saison et demie. Il est parti à Chelsea, Besiktas, Shanghai Shenhua, Göztepe, Istanbul Basaksehir, au FC Lugano…

Et je n'ai cessé de le suivre. Partout. J'ai continué à le voir tous les mois à Newcastle, une séance pour lui, une autre pour Yohan. Là-bas, j'ai découvert une vraie communauté francophone, à la fois soudée et ouverte aux autres. Il y avait Demba, Yohan, mais aussi Hatem Ben Harfa et Sylvain Marveaux. Ces joueurs s'étaient remarquablement intégrés avec les Anglais de l'équipe. Ils vivaient bien, ils étaient heureux de jouer ensemble. Et cela avait donné d'excellents résultats. Souvent, le classement d'un championnat n'est pas très difficile à établir. Vous prenez les budgets puis, sauf grosse surprise, vous retrouvez à peu de choses près ces derniers dans l'ordre décroissant. Newcastle avait terminé 5e cette saison-là, un vrai exploit, et produisait du jeu.

Demba, évidemment, avait franchi un cap, physiquement, mais aussi mentalement. Il marquait beaucoup, et les plus grands clubs ont commencé à le courtiser. Il est parti en janvier 2013 à Chelsea. Et on ne parle pas du Chelsea actuel de milieu de tableau, mais celui de José Mourinho, qui allait gagner un titre européen.

Ça me fait d'ailleurs penser à un moment intense : ce match Paris SG – Chelsea en quart de finale de la Ligue des Champions. On est en avril 2014. Demba joue avec Chelsea. Et Yohan Cabaye, qui avait rejoint la France, avec Paris. L'un et l'autre face à face, deux des joueurs avec lesquels j'ai une relation très forte. Ç'a été un calvaire. C'était un match à élimination directe, je savais donc que je serais à la fois heureux et malheureux à la fin.

Des vingt-deux acteurs, le plus parisien sur la pelouse, toutes équipes confondues, était, en plus, Demba Ba. Il adore Paris, il est capable de me chanter au téléphone « Paris est magique ». Et ce soir-là, Demba inscrit à la 87e minute le but qui élimine le PSG, son club de cœur, et Yohan son ami. Pour ma part, j'ai envie de pleurer. Je ne sais même pas de quoi. De rire, de joie ? De peine pour Yohan, de joie pour Demba. Tout s'entremêlait, c'était fou.

À Chelsea, donc, Demba m'emmenait souvent au cœur des installations, ou assister aux séances d'entraînement. Il n'était pas titulaire dans la tête de Mourinho, mais il continuait à travailler comme un fou. Même chose après sa saison chez les Blues, en Turquie, après un nouveau transfert vers le Besiktas. Il n'a jamais cessé de bosser, donc de progresser. Je me souviens de lui avec ce maillot turc. Il affronte Arsenal, l'Arsenal de Wenger, en Ligue des Champions. Et il fait un match monumental, à tel point qu'on avait l'impression qu'il jouait contre des Playmobil tant il était au-dessus physiquement.

Là-bas, j'ai découvert la Turquie, Istanbul, ses bouchons à n'en plus finir, à n'importe quelle heure du jour et de la nuit, et un championnat que je qualifierais de mineur, mais avec des clubs extraordinaires, des ferveurs comme on en vit nulle part ailleurs. Ça s'est évidemment très bien passé pour Demba, parce que ce pays c'est le mariage des cultures avec ce magnifique Bosphore qui marque la séparation entre deux continents.

Un temps, la Turquie est devenue un marché pour moi, que j'ai essayé de développer. Mon activité m'a mené dans d'autres villes, très différentes, comme Trabzon, Izmir, Antalya. On passe, dans ce pays, de lieux très occidentaux et luxueux à d'autres plus ruraux, retirés voire reculés, on y fait sans cesse le grand écart entre richesse et pauvreté. C'est sans doute cela qui m'a le plus marqué à travers tous mes voyages : ces fractures entre riches et pauvres, partout dans le monde, toujours violentes, abyssales.

Les joueurs, quand ils débarquent, sont des stars, sont les grands de ce monde, finalement. Ils s'entourent beaucoup : chauffeur, personnel de maison, kiné… et préparateur physique personnel, comme moi. En Turquie, chaque maison dans laquelle je faisais mes séances était immensément spacieuse. Istanbul est construite sur des collines. Ça m'allait très bien : j'avais toujours un endroit en pente pour faire travailler les joueurs. J'ai passé d'excellents moments là-bas, loin de mon Ardèche, avec Demba.

Demba est ensuite parti en Chine. Vous vous souvenez de tout cet argent qui, soudainement, arrivait de là-bas, des propositions mirifiques faites aux joueurs européens, un peu comme celles de l'Arabie saoudite aujourd'hui ou du Qatar ? Demba a rejoint le club de Shanghai Shenhua et signé un contrat de trois ans. Le bon choix.

Pourquoi ? Parce qu'il arrive un moment où il faut mettre sa famille à l'abri. Quand j'entends certains qui critiquent Riyad Mahrez parce qu'il a rejoint l'Arabie saoudite récemment, ceux-là même qui changeraient de boulot pour deux cents balles de plus par mois, je les invite à réfléchir. Les sommes sont tellement colossales que tu ne peux pas refuser, c'est impossible, à moins de ne rien comprendre à l'économie du football, ni à la psychologie de mecs qui donnent tout, qui arrivent de nulle part, qui se sont construits eux-mêmes à force d'y croire et de rêver. Qui refuserait de mettre toute sa famille à l'abri financièrement ? Dites-moi qui ?

Là-bas, Demba découvre, moi avec, une des villes les plus occidentales de Chine. Une mégalopole. De l'aéroport à l'appartement, il n'y a que des buildings sur 40 kilomètres. C'est démesuré. Toute sa famille vit avec lui. Il doit s'habituer à une autre culture, à d'autres gens. Les conditions d'entraînement sont moyennes, mais il se sent bien. Il marque des buts la première saison. On continue les mêmes séances, inlassablement. Quand il joue moins, je rajoute un peu de cardio.

On pourrait se dire que rendu en Chine, Demba aurait pu vivre sur ses acquis, que sportivement parlant, il n'avait pas besoin de s'ajouter des séances spécifiques ni de faire appel à moi. Mais ce serait mal connaître les sportifs de haut niveau. Jusqu'à 30 ou 31 ans, les mecs progressent encore.

Mais s'ils arrêtent, que va-t-il se passer ? Ils vont régresser, et vite. Je suis là, à ce moment-là de leur vie, pour ne pas qu'ils régressent. Un exemple flagrant, vécu dans ma carrière : Nadir Belhadj. Lyon, Lens, Portsmouth... puis Al-Sadd au Qatar. Je reçois un jour un coup de fil de son homme de confiance qui me demande : « Est-ce que ça vous intéresse le Qatar et Nadir Belhadj ? » Je ne savais pas trop, j'étais plutôt dans la compétition, le haut niveau. Je m'imaginais trois dromadaires et des terrains en sable avec des retraités qui tapaient dans la baballe contre de grosses sommes d'argent. Je caricature à peine et j'en suis désolé. L'homme insiste, je finis par avoir Nadir par messages qui m'annonce qu'il veut devenir le meilleur joueur du Qatar. Comme Riyad Marhez, je découvre un type adorable, toujours prompt à rigoler. Et au fil de nos échanges, je m'aperçois qu'il a tout compris. S'il devient meilleur joueur de ce pays, ce n'est pas pour poser un trophée sur sa cheminée. Non, c'est parce qu'il vient de signer un contrat assez court, d'une ou deux saisons, et que s'il est performant, alors il pourra envisager de prolonger à des sommes plus importantes encore. J'accepte le contrat. Je le rejoins au club, on bosse comme des fous et il atteint ses objectifs.

Ce que je veux dire, c'est que peu importe les motivations, ces gens-là se fixent sans cesse, où qu'ils soient, des objectifs. Même chose pour Demba en Chine, qui à mon avis avait dans un coin de sa tête de revenir en Turquie.

C'est pour ça qu'il a continué à travailler avec moi. Les très grands joueurs sont ceux qui objectivent très vite. Il y a quelques contre-exemples. Je pense à Florian Thauvin qui, dès lors qu'il est devenu champion du monde, a plongé. Pour les plus anciens, Yannick Noah, après avoir gagné Roland-Garros, son rêve d'enfant, n'a jamais réussi à enchaîner au plus haut niveau. Les plus grands, si supérieurs physiquement et techniquement soient-ils, sont ceux qui parviennent sans cesse à se fixer de nouveaux objectifs et à y travailler. Ils sont peu nombreux dans le monde. Cristiano Ronaldo a gagné son premier Ballon d'Or ? Il en veut tout de suite un deuxième, puis un troisième, jamais rassasié. Il vient de battre un record, il s'attaque à un autre. C'est ça, sa force.

Autre petite digression à laquelle je pense en vous écrivant : Eden Hazard. J'ai fait une première séance avec lui à Lille, chez Yohan Cabaye qui l'avait invité à venir. Tout le monde savait que c'était un phénomène. Il avait terminé explosé, allongé sur le canapé, me disant « c'est dur, c'est trop dur ». Son truc à Eden, c'était le jeu, le ballon. S'entraîner comme un acharné, s'entraîner plus que les autres, pas trop. Je ne juge pas quand j'écris ça, chacun son talent, chacun ses limites. Il a donné des interviews après sa carrière, dans lesquelles il avouait avoir été un peu fainéant, expliquant que travailler physiquement ne l'intéressait pas. C'est exactement ce que j'avais ressenti à Lille, ce jour-là. Je l'avais revu à Chelsea, quand Demba y jouait. Toujours aussi gentil, simple, drôle. On était allés voir un match délocalisé de la NBA. Eden, le soir au restaurant, m'avait dit en rigolant : « Fab, je ne vais pas travailler avec toi, je n'en ai pas besoin, je suis l'un des meilleurs joueurs du monde. » Il avait raison, il méritait même le Ballon d'Or. Mais je ne peux pas m'empêcher, parfois, de me poser la question, malgré sa carrière incroyable qu'il ne faut surtout pas résumer à ces points d'interrogation : qu'est-ce que cela aurait donné s'il avait mordu dans des séances spécifiques ? Est-ce que son passage au Real Madrid et sa fin de carrière auraient été différents ?

À Shanghai, malheureusement, Demba s'est à nouveau fracturé le tibia-péroné, pour la deuxième fois de sa carrière. Évidemment, ç'a été compliqué… Heureusement pour lui, il a fait la connaissance d'un excellent kiné espagnol très compétent, Pablo, qui le suivra ensuite partout. Il s'est retapé, a été prêté à Besiktas pour se refaire une santé, puis à Göztepe, a prolongé en Chine avant de rejoindre définitivement le club d'Istanbul Basaksehir avec lequel il est devenu, à la surprise générale pour l'établissement et les observateurs, champion de Turquie. La boucle était bouclée, on avait bien travaillé.

Demba, l'homme, n'a jamais changé. Il m'invitait à déjeuner à chaque fois que j'allais le voir, peu importe dans quel pays, à dormir chez lui malgré le fait que je n'aimais pas cela en général, que je préférais garder une distance avec mes joueurs. Mais pas avec lui, ni avec Yohan Cabaye, Mathieu Bodmer, Carl Medjani ou Morgan Schneiderlin. Demba est un musulman très pratiquant pour qui l'accueil de l'étranger et le partage sont des notions primordiales. C'est quelqu'un de calme, cultivé, simple, avec qui on peut parler de tout. Il maîtrise quatre ou cinq langues. Je l'ai vu, en Turquie, apprendre l'arabe avec un professeur particulier afin de pouvoir lire le Coran dans la langue originelle. Un jour, il arrive à une séance commune à Newcastle avec Yohan Cabaye. Il a deux téléphones, un dans chaque main. Dans celle de gauche, il tenait une conversation en anglais. Dans l'autre, et dans le même temps, en allemand. On pouvait parler de tout avec Demba. Le petit Ardéchois s'instruisait aux côtés du grand sénégalais musulman.

Sa carrière a été incroyable. Il a été au bout de ce qu'il pouvait faire en tant que footballeur, entouré par une famille formidable. Aujourd'hui, Demba a racheté le club de Dunkerque et, à mon sens, il n'est pas surprenant de le voir entreprendre ainsi et rester dans le milieu du football. Demba a ce côté bâtisseur.

Comme Mathieu Bodmer, qui est aujourd'hui le meilleur directeur sportif du football français au Havre, Yohan Cabaye, directeur du centre de formation du PSG, Demba a été l'un des premiers à faire appel à mes services, avant que ce soit une mode et que tout le monde ait son préparateur physique personnel. Ces gens-là voient avant les autres, comme sur le rectangle vert. Ils comprennent, ils lisent, ils ressentent les choses. Ils auront, j'en suis convaincu, une très grande place dans le football français. S'ils n'en ont pas marre un jour…

La bio de Demba Ba

---

39 ans. Né le 25 mai 1985 à Sèvres (FRA). 1,90 mètre, 82 kilos. Attaquant.

International sénégalais : 22 sélections, 4 buts, entre 2007 et 2015.

Parcours : Rouen (2005-2006), Excelsior Mouscron (BEL, 2006-août 2007), Hoffenheim (ALL, sept. 2007-jan. 2011), West Ham (fév. 2011-juin 2011), Newcastle (ANG, 2011-jan. 2013), Chelsea (ANG, jan. 2013-2014), Besiktas (TUR, 2014-2015), Shanghai Shenhua (CHI, 2015-jan. 2019), Besiktas JK (TUR, prêt, jan. 2017- juin 2017), Göztepe (TUR, prêt, jan. 2018-2018), İstanbul Basaksehir (TUR, jan. 2019-2021), FC Lugano (SUI, 2021).

Palmarès : champion de Turquie 2017 (Besiktas), 2020 (Istanbul Basaksehir).

MON GANG DES LYONNAIS

Je vous parlerai de Mathieu Bodmer et d'Anthony Mounier dans des chapitres à part. Mon gang des Lyonnais, c'est Maxime Gonalons et Clément Grenier. C'est la famille. D'ailleurs, quand ils s'appellent entre eux, c'est toujours « ça va la mif ? ». C'est Maxime que je prends en premier. Je travaillais avec Anthony Mounier depuis un moment à l'OL. Un jour où j'étais chez lui pour une séance, l'assistant de son agent, Pascal Yvars, a engagé la conversation. Lui couvait tous les jeunes de l'Olympique Lyonnais. Et il m'a dit qu'il y avait peut-être quelque chose à faire avec Maxime Gonalons.

Je connaissais un peu le joueur parce qu'il avait déjà fait quelques entrées avec Claude Puel et, surtout, c'est lui qui avait marqué ce fameux but à Liverpool en octobre 2009 pour sa sixième apparition chez les pros, sa troisième en Ligue des champions.

Je débarque donc chez Maxime en 2010, dans un joli appartement où il vit avec sa copine, au dernier étage d'un immeuble avec une grande terrasse. Ils ont 20 ans, des gamins. Je les revois m'accueillir, Maxime légèrement distant. On se met à bosser. Je découvre un gars du terroir, attachant et surtout, qui est animé par une obsession : s'imposer à l'OL, vivre à l'OL et mourir à l'OL. C'est frappant. Je n'ai sans doute jamais vu un tel attachement, viscéral, à un club. J'en suis quasi sûr et je peux le dire maintenant : le rêve de Max était de faire toute sa carrière dans ce club et d'en être le capitaine à vie.

Il n'est donc pas titulaire quand je le prends. On bosse comme des fous assez vite. De par la proximité de Lyon et de l'Ardèche, je lui organise des séances toutes les semaines. Rapidement, Max me dit qu'un super pote à lui aimerait participer : Miralem Pjanić. J'adorais le joueur, pas de problème. « Miré », j'avais le souvenir de lui lors d'un match Metz-OL où il jouait contre Mathieu Bodmer. Je crois que tout le monde avait vu que c'était une pépite, ce gamin.

J'avais donc le 6 et le 10. Les séances communes durent un an, sur la terrasse de Max, toujours dans le plus grand des secrets car, encore à cette époque, travailler en dehors du club est considéré comme une absolue connerie quand on est joueur de football.

Les séances sont très ludiques. Je m'éclate avec eux. On met en place des petits challenges, on rigole. Quand je mets parfois un gros élastique vert, Max devient dingue. Il ne supporte pas la couleur, vous vous doutez bien pour quoi.

J'ai deux physiologies différentes en face de moi : Max très solide, sec, le joueur qui met des coups et est très propre techniquement. Miré, lui, c'est plus petit, du volume, de la technique, une patte.

On s'amuse donc beaucoup. Max, assez vite, notamment à l'arrivée de Rémy Garde au poste d'entraîneur, devient un titulaire indiscutable. Il progresse. Il s'épanouit. Il amène des joueurs régulièrement à nos séances. Une fois Rachid Ghezzal, une autre fois des amis amateurs, des jeunes. On se créait plein de bons souvenirs. Un jour, son frère nous avait enfermés sur la terrasse sans le faire exprès. Il n'avait pas vu qu'on travaillait. Il faisait deux degrés. On est restés des heures bloqués, on appelait des gens du balcon. Il avait une confiance totale dans mon travail. Il n'était jamais blessé. Au fil du temps, je rencontre sa famille, je me retrouve invité au baptême des enfants. Il achète une maison en périphérie de Lyon. L'histoire dure ainsi jusqu'en 2017. Un enchantement, avec un mec bosseur.

En mai 2017, tout bascule. Maxime s'étonnait de ne pas encore avoir reçu de proposition de prolongation de contrat. Et puis, quelques heures avant la demi-finale de Ligue des champions contre l'Ajax, Max dit à la presse qu'il ne veut pas rester à Lyon si les ambitions sont à la baisse. Il met un petit coup de pression, en somme. Sauf qu'Aulas le prend très mal. Emballement médiatique. Et il se retrouve dans l'obligation de partir, lui qui avait défendu corps et âme l'institution pendant toutes ces années, qui était fiable, comme un phare dans le vestiaire.

Il ne m'en a jamais vraiment reparlé. Mais connaissant le bonhomme, cela a dû être une terrible épreuve. Je pense d'ailleurs qu'à ce moment-là, il aurait eu besoin d'un préparateur mental ou d'un psychologue du sport pour redéfinir ses objectifs plus vite.

Il est parti à Rome, où cela s'est moyennement passé. Il m'a rappelé quand il a signé à Grenade. Là-bas, il avait repris goût au foot dans un club familial, dans une petite équipe qui termine en haut de tableau l'année où il y joue. Je ne l'ai pas suivi à Clermont ensuite. Il n'avait plus besoin de moi là-bas. En revanche, on se voit toujours chaque été, quelques jours, pour préparer la saison. À Saint-Tropez, dans des coins paradisiaques, souvent avec Clément Grenier qui y possède une maison. Je continue de voir Miralem Pjanić, aussi, chaque été au Luxembourg dans la maison parentale ou sur la Côte d'Azur. Des gens adorables et lui un cœur en or, intelligent, doué d'une vraie réflexion sur le football.

Je les ai tous vu mûrir, ces gamins. Je les ai vus devenir des hommes, des parents. Clément Grenier est arrivé dans nos vies alors que « Miré » partait. En fait, à vous écrire tout ça, je me dis que Max ne voulait peut-être jamais rester seul avec moi ! Max amène donc Clem aux séances.

L'histoire est marrante. Quand j'ai commencé il y a vingt ans, le métier de préparateur physique tel que je voulais l'exercer n'existait pas. Pour gagner ma vie, j'étais donc professeur d'EPS. Je travaillais au lycée Marc Seguin à Annonay avec, notamment dans une classe, le frère de Clément, Bertrand Grenier. Évidemment, la plupart des élèves connaissaient Clément, c'était sa bande de potes.

Lors de la première séance, au bout de cinq minutes sur le balcon chez Max, on s'est regardé avec Clément. Et on s'est dit qu'on savait qui on était tous les deux. Le lycée, ses potes, son frère, nos connaissances communes, c'était drôle. Et je découvre un phénomène, un mec que je ne saurais mettre dans aucune case. Lui, c'est le phénix, le joueur qui disparaît et renaît de ses cendres. Telle aura été toute l'histoire de sa carrière.

Clément était le chouchou à l'OL, sorti avant Max du centre de formation bien qu'étant plus jeune. Il joue aux postes de 8 ou de 10. C'est le beau-gosse, talentueux, que l'on raille de temps en temps en lui prêtant un côté précieux alors qu'il ne l'est pas. C'est un jeune très simple, un Ardéchois, dont les parents sont chaleureux, un campagnard. Il passe tout son mois de juin à Saint-Tropez où on a souvent travaillé dans le sable, mais au fond, il est à mille lieues de cette image de bourgeois lyonnais qu'il renvoie. C'est une personne qui a besoin d'être aimée. S'il sent qu'on l'aime, il sera fantastique. Si ce n'est pas le cas, ce sera la catastrophe et il le dira en face, droit dans les yeux. Dans un vestiaire, quand il n'est pas d'accord, il faut s'écarter. Il a un gros, gros caractère.

Avec moi, la confiance est totale. Un jour, on avait amené Max chez les parents de Clément, en Ardèche, pour travailler. On finissait par un tennis. Pour information, Max pratique plus la chasse aux papillons que le tennis ; quant à Clem, je n'ai aucun souvenir de défaite face à lui…

Clément a explosé pour se retrouver en juin 2014 sur le chemin de la Coupe du monde. Il m'avait envoyé une photo sur laquelle il posait avec Yohan Cabaye et Max avec un maillot « Fabien Richard Consulting ». Manque de chance, Max était réserviste et n'avait pas été retenu. Clément, lui, avait fait une pubalgie qui s'était infectée et les choses auraient pu mal tourner.

Je les gérais pour des séances soit communes, soit individuelles quand leurs chemins se sont séparés. J'avais le chambreur grande gueule, Clément, et le taiseux travailleur, Max. Deux personnalités opposées, mais deux gars qui s'entendaient à merveille. Quand Clément est revenu de Rome, où je ne l'avais pas suivi, c'était la catastrophe. On avait repris le travail. Il avait rejoint Guingamp, un choix étonnant, dépaysant, loin de son image, mais il en était revenu tellement fort. Il était à nouveau au centre d'un projet, ce dont il avait besoin, un peu comme Hatem Ben Arfa dont je vous ai raconté le parcours. Dans ces cas-là, ces personnalités deviennent inépuisables. Il a souvent traîné une réputation de fêtard, mais pas plus à mes yeux que tous ceux qui se cachent. Moi, je l'ai vu être un bosseur acharné quand il voulait. C'est un anxieux, ce qui explique qu'il relâchait la pression parfois. Il avait besoin de parler beaucoup. Et c'était toujours de vraies discussions, profondes, intenses, passionnantes.

À Guingamp, Clément a vite performé, les propositions sont donc arrivées, dont celle d'Olivier Létang, alors président du Stade Rennais et qui s'était battu pour qu'il signe. Il avait d'ailleurs réussi à faire venir Hatem. Il ne s'était pas trompé. Cet homme-là ne se trompe pas beaucoup quand on y pense bien. Regardez ce qu'il fait à Lille…

À Rennes, on travaillait tout en haut de ce paquebot en plein centre-ville, cet immeuble que j'adorais, dessiné par Jean Nouvel, sur le Mail. Avec Joséphine, sa femme, ils avaient un superbe appartement juste au-dessus de celui des Bourigeaud. On s'entraînait soit sur le toit-terrasse, avec vue imprenable sur le centre-ville, soit au sous-sol dans le parking où il y avait des pentes. Ç'a été un an et demi de bonheur. Deux jours par mois, souvent le matin. Il redoublait d'efforts quand ça allait moins bien. Il faisait du vélo d'appartement à 7 h le matin sur le toit. Le phénix.

Clément a toujours pensé pouvoir jouer très haut, il y a toujours cru. Même à Majorque. Une île que je ne connaissais pas, où l'on voit des Anglais et des Allemands en short et en sandales. Il a beaucoup aimé cette expérience, sa vie là-bas, mais manque de chance, il s'est retrouvé à la cave. Comme à Saint-Tropez, on faisait beaucoup de séances dans le sable pour l'explosivité. Il a quitté Majorque à regret pour rejoindre Santander où il joue toujours.

Je le verrais bien tenter l'aventure pour devenir entraîneur. C'est un personnage du football français, un généreux qui aiderait même à l'autre bout du monde, une personnalité assez méconnue finalement. C'est un compétiteur.

Je les ai aimés ces Lyonnais, moi le fan de Saint-Étienne.

La bio de Maxime Gonalons

35 ans. Né le 10 mars 1989, à Vénissieux. 1,87 mètre, 76 kilos. Milieu.

International français : 8 sélections, entre 2011 et 2015.

Parcours : Lyon (2009-2017), Rome (ITA, 2017-2018), Séville (ESP, 2018-2019), Grenade (ESP, 2019-2022), Clermont (2022-2024).

Palmarès : vainqueur de la Coupe de France 2012 (Lyon), vainqueur du Trophée des champions 2012 (Lyon), finaliste de la Coupe de la Ligue 2012, 2014 (Lyon).

La bio de Clément Grenier

33 ans. Né le 7 janvier 1991, à Annonay. 1,86 mètre, 72 kilos. Milieu.

International français : 5 sélections, entre 2013 et 2014.

Parcours : Lyon (2009-jan. 2018), AS Rome (ITA, jan. 2017-2017), Guingamp (jan. 2018-2018), Rennes (2018-2021), Majorque (ESP, 2021-2023), Santander (ESP, 2023-2024).

Palmarès : Vainqueur de la Coupe de France 2012 (Lyon), 2019 (Rennes), finaliste de la Coupe de la Ligue 2012 (Lyon).

SARCELLES, LES TOURS, LA NUIT ET RIYAD MAHREZ

Riyad Mahrez arrive dans ma vie alors qu'il joue à Leicester. Il avait signé dans ce club anglais de deuxième division en janvier 2014, pour trois saisons et demie, en provenance du Havre. J'aime beaucoup Riyad parce qu'il fait partie de ces garçons qui n'ont pas rejoint de centre de formation, qui ne sont pas formatés si l'on peut dire, ou plutôt pas comme les autres. Ils sont souvent très axés sur le jeu, absolument passionnés, supérieurs techniquement, très instinctifs, intuitifs, mais aussi en déficit sur le plan physique et sur la notion d'efforts à consentir au quotidien. Riyad avait fait une bonne demi-saison à Leicester puis était monté, sous les ordres de Ranieri, en Premier League.

C'est son agent qui m'appelle. Il avait vu le documentaire Intérieur Sport, de Grégory Nowak, sur Canal+, dédié à Yohan Cabaye, dans lequel j'intervenais. Il avait eu vent, aussi, d'un beau reportage de John Ferreira sur Demba Ba à Chelsea, avec lequel je travaillais, diffusé sur beIn Sports. Demba est respecté de tous. Carl Medjani avait aussi parlé de moi à Riyad en sélection. Carl est un joueur qui est allé au bout de ce qu'il était possible de faire physiquement afin d'atteindre ses objectifs, un des plus grands travailleurs avec lequel j'ai bossé, une belle personne. Le bouche-à-oreille a fonctionné ainsi jusqu'à l'agent de Riyad.

Ce dernier m'appelle, donc, me dit qu'il y a quelque chose à faire avec ce joueur. Il avait bien sûr été très, très bon à Leicester, mais il lui faudrait encore plus de coffre pour encaisser la Premier League que l'on connaît dure, physique. Je lui ai répondu qu'avant toute chose, avant de prendre un engagement moral et contractuel avec Riyad, je voulais programmer une séance avec lui. Pas pour savoir ce qu'il avait dans le ventre, quoique, mais surtout pour voir si le feeling allait bien passer entre nous. Je voulais découvrir l'être humain, au-delà du joueur. Vous allez peut-être trouver ça surprenant, mais c'est fondamental pour moi.

Une petite anecdote, à ce sujet : en 2014, je suis contacté par Christophe Lollichon, entraîneur des gardiens de but de Chelsea, le meilleur que je connaisse, une vision pointue de l'individualisation et du poste, une volonté de toujours s'ouvrir à d'autres méthodes. Je vous en parlerai dans un prochain chapitre.

Il m'avait proposé de suivre Didier Drogba pour son retour chez les Blues avec lesquels il avait tout gagné avant de s'exiler en Turquie, puis en Chine. Didier Drogba. Immense joueur, que j'adorais, charismatique, moteur aussi bien sportif que politique en Côte d'Ivoire. Je suis allé deux ou trois fois chez lui. Il a toujours été très agréable, mais cela n'a pas matché entre nous. Ça venait autant de lui que de moi. On ne prenait pas de plaisir à travailler ensemble, il manquait un truc, une connexion. C'est inexplicable, regrettable, tout ce que vous voulez, mais c'est comme ça. Notre collaboration avait tourné court et je n'avais même pas réclamé d'être payé.

J'ai donc demandé à l'agent une séance d'essai avec Riyad. Je connaissais bien sûr le joueur, j'aimais le dribbleur, j'aimais son jeu. C'est typiquement le genre de mec pour qui on paie pour aller au stade.

Le contact est donc établi avec lui. J'ai d'autres joueurs en Angleterre. Souvent je prends un avion qui atterrit à l'aéroport de Gatwick, je loue une voiture et je sillonne le pays. Leicester, c'est au milieu. Je connais le pays par cœur, il est petit. En quatre heures, vous êtes à Manchester, le plus loin c'est Newcastle.

Je le retrouve chez lui. Il est avec un ami. La maison n'a rien d'extravagant. Seule la voiture garée devant attire mon attention, assez dingue, offerte, m'a-t-il raconté plus tard, par le président du club. Il m'accueille.

Premier contact moyen. Je ne le sens pas. Je détecte une résistance chez lui. J'apprendrai plus tard qu'en fait, il ne donne pas sa confiance comme ça. On est assis sur le canapé. Je lui explique avec quels joueurs je travaille, comment je travaille. Il semble s'en foutre un peu, il est distant, peu concerné bien que je lui raconte ma belle expérience avec Carl Medjani, un de ses copains.

Riyad m'écoutait donc à demi, habillé avec un short de Leicester et un t-shirt quelconque, plutôt dilettante. J'étais là comme si j'étais chez mon voisin. J'observe, tout en lui parlant, la taille de ses cuisses. Les deux réunies faisaient l'une des miennes. Physiquement, ça me semblait très faible.

On a fini par se lever pour entamer une séance. On est allé derrière la maison, sur une toute petite terrasse. J'avais deux élastiques et une corde à sauter dans mon sac à dos, mon équipement de base quand j'ai commencé ma carrière. Petit aparté : au fil des années, j'ai investi dans du matériel sophistiqué, coûteux. Mais il se trouve que plus je vieillis, plus je reviens à mes élastiques, ma corde à sauter et mon cerveau.

Il est 18 h, il commence à faire nuit. On dégage la terrasse et on commence. Et là, je tombe des nues. Riyad était incapable de faire un squat complet. Un squat ? Vous êtes debout, vous descendez, le dos bien droit, jusqu'à la position accroupie, et vous remontez. Je peine même à mesurer le décalage entre ce qu'il faisait en match, ce qu'on voyait de lui, et ce que j'avais sous les yeux. On continue quand même. Et je constate qu'il avait également un problème de flexion au niveau des chevilles. Catastrophique. Il était raide comme un bout de bois. Pour autant, malgré ces empêchements, ces facteurs limitants, ces contraintes physiques qui me sautaient aux yeux, il n'était jamais blessé, possédait des appuis incroyables pouvant le conduire à des changements de direction brutaux, insaisissables, ceux d'un grand dribbleur.

J'étais donc face à un paradoxe de plus. Et face à un dilemme : est-ce qu'on travaille sur ses points faibles ou plutôt sur ses points forts ? Tout au long de ma carrière je me suis posé cette question, j'y reviendrai régulièrement. Dans ce cas précis, la réponse était claire à mes yeux : le point fort, le point fort et le point fort. Tout faire pour améliorer encore ses aptitudes au-dessus de la moyenne. On a donc redoublé d'activité sur ses trois premiers mètres pour le rendre encore plus fort sur ses appuis et sur ses changements de direction.

Pendant ce temps, Riyad voit comment je travaille. Comprend ce que doit être, pour moi, une séance de préparation physique. Il me jauge. Et il se détend. Il commence à plaisanter, à rigoler. Il a pleinement conscience de la nécessité d'améliorer les points sur lesquels je le fais travailler. Je découvre un chouette garçon, drôle, qui blague sans cesse, qui pétille, et un type très, très intelligent. Il m'a séduit. À la fin de la séance, on échange. On parle d'un contrat, on se met d'accord sur une somme, autre aspect important sur lequel je reviendrai plus tard, et c'est parti.

On s'est vu régulièrement. Je lui envoyais des séances, comme souvent sans être sûr qu'il les faisait, et je montais de mon Ardèche une fois par mois à Leicester. Parfois, il me demandait de le rejoindre à Sarcelles plutôt qu'en Angleterre parce que sa famille habite toujours là-bas et qu'il aimait y passer du temps. Il n'a jamais oublié d'où il venait. Je m'adaptais. Je ne vous l'ai pas encore précisé, mais pour moi, un préparateur physique tel que je le suis doit avoir trois qualités indispensables. Un : être le plus compétent possible, donc se former comme un fou. Tu peux faire illusion pendant un an, mais pas pendant vingt ans. Chaque année, je m'inscris à une formation au moins et qu'elle soit décevante ou passionnante, je reviens toujours avec un truc en plus. Deux : il faut être empathique, c'est la base, savoir écouter. Trois : il faut savoir s'adapter en permanence à toutes les situations.

Sur ce dernier point, Riyad était redoutable. Je planifiais mes interventions et mes voyages à plus ou moins quinze jours tout en sachant néanmoins que je pouvais recevoir un coup de fil le dimanche soir, très tard, pour une séance qui n'était pas prévue le lendemain en Angleterre.

Mes plans ont souvent changé à 200 % d'un jour à l'autre. Toute ma vie, je pouvais prévoir un départ le lendemain en Espagne et finalement partir en Chine.

Pourquoi ces sollicitations de dernière minute ? Parce que les joueurs, souvent, ne se sentent pas bien, ont besoin de se rassurer, de mettre tous leurs atouts de leur côté en vue d'une échéance qui arrive, ou parce qu'ils sentent, après un dernier entraînement, qu'ils ne feront peut-être pas partie des plans du coach. On a par exemple beaucoup travaillé avec Riyad avant la finale de la Ligue des Champions en juin 2023 (contre l'Inter Milan, 1-0). Ses matches de championnat étaient corrects, mais il voyait qu'il ne jouait pas en Ligue des Champions, en tout cas qu'il n'avait pas joué la demi-finale. Il s'était dit qu'il devait progresser encore plus. Il m'avait appelé. Cela n'avait d'ailleurs pas fait fléchir Pep Guardiola ; Riyad n'avait pas joué, mais au moins il était prêt.

La première fois que j'ai rejoint Riyad à Sarcelles, j'avais en tête, en bon petit Ardéchois, ces images de BFM TV qui tournent en boucle toute la journée, ce qui est assez malheureux, j'en conviens, mais c'est comme ça. J'avais pas mal bourlingué, j'avais déjà fait des séances dans ce genre d'environnement avec Giannelli Imbula, mais j'avoue que je ne faisais pas le malin, d'autant qu'on était en fin de journée, que la nuit allait tomber et que je me retrouvais seul au milieu des tours. Riyad est arrivé avec une heure de retard.

Il était comme un poisson dans l'eau, connaissait tout le monde, m'a mis à l'aise, et on a commencé à bosser sous les lampadaires du city stade. Il me racontait qu'il avait commencé à jouer au foot ici, me montrait du doigt des lieux précis que je distinguais à peine dans le noir.

Pour cette première fois à Sarcelles, on avait mené une séance de cinquante minutes. J'avais mon gros élastique noir de survitesse. Riyad était accroché à un poteau et je me trouvais dans la peau d'un défenseur adverse. L'idée était d'améliorer le passage de bras, la façon dont on se sert de son bras, et de l'adversaire, sous la pression. On avait travaillé les appuis sur les trois premiers mètres. L'explosivité.

À très haut niveau, pour moi, les trois premiers mètres font toute la différence. Quand tu as le ballon, que tu as posé tes premiers appuis, posé ta main sur ton adversaire, et que tu accélères vite et fort, tu as tout gagné. C'est là que ça se joue. Et quand tu as un bagage technique très au-dessus de la moyenne comme Riyad, tu gagnes du temps dans ta lecture du jeu et tu fais des ravages.

On avait aussi fait un peu de gainage, de corde à sauter et enfin un petit travail de répétition d'efforts explosifs. Il m'arrivait, parfois, de lui amener des tenues lestées de dix kilos, des t-shirts spéciaux que je faisais venir des États-Unis. Il les enfilait, stressé car il savait ce qui l'attendait. Le but, c'était de faire tantôt lourd, chargé, tantôt léger, libre. Un vrai « travail bulgare ».

Il vivait durement les séances, parfois, Riyad. Comme tous les joueurs, comme Demba Ba qui me disait souvent : « Fabien, je suis content deux fois quand je te vois. Au moment où tu arrives. Et à celui où tu pars. » Mes entraînements sont réputés pour être courts, mais très intenses.

Ce n'est pas un hasard, d'ailleurs, si Riyad me disait « Fab, je suis mort » à chaque fois qu'on se voyait. C'était devenu un jeu parce qu'il savait que ça allait pousser fort dans les minutes qui allaient suivre, mais je ne tombais pas dans le panneau, c'était une façon de me dire « tout doux, hein, Fab ? ». Je veux que mes séances soient plus dures qu'un match. J'estime que les footballeurs peuvent travailler plus que ce qu'ils font par rapport à d'autres sportifs de haut niveau que j'ai côtoyés. J'étais le mec qui arrivait et qui leur rappelait qu'il fallait bosser dur pour progresser. Riyad savait, au fond de lui, qu'il avait besoin de ça.

L'aspect préparation physique pure s'est souvent dilué au gré des modes d'entraînement. Il y a trois courants de pensée : soit on intègre toute la préparation physique dans les jeux avec ballon, ce que les joueurs adorent – c'est l'école portugaise, sauf que cela devient généralement vite catastrophique parce que le niveau physique baisse de semaine en semaine ; soit on préfère l'école italienne, qui travaille énormément sans ballon, où tout est dissocié, où les charges de travail sont très élevées ; soit un mix des deux. Dans ma vision de la préparation physique en football, je suis pour la troisième option. Cela permet d'individualiser le travail au maximum et ne pas être uniquement face aux données GPS… Je regrette que l'on ne parle plus que des datas, désormais, en préparation physique. Elles ne disent pas tout, loin de là. Bref, on ne peut pas se contenter de travail avec ballon, c'est antinomique avec le sport de haut niveau et la performance.

On a fait, comme ça, une petite dizaine d'entraînements à Sarcelles avec Riyad. Je n'en garde que de bons souvenirs. Je partais sitôt les cinquante minutes écoulées, je ne restais pas, je le laissais au milieu des siens. Il était très entouré et avait besoin de ça pour se ressourcer. Parfois, à Leicester, il m'arrivait de prolonger le temps d'un déjeuner, Riyad me disait « reste manger » et j'admets que je ne me faisais pas prier, vu la qualité des repas concoctés par son chef personnel.

Riyad est devenu champion d'Angleterre, meilleur joueur d'Angleterre, capitaine de la sélection algérienne, champion d'Afrique, il a fait partie des meilleurs joueurs du monde. Pour moi, Riyad est un leader, un capitaine, et une crème d'être humain, d'une fidélité à toute épreuve dès lors qu'il vous a accordé sa confiance. Il faut juste franchir cette barrière. Ces gens-là se méfient toujours, c'est normal, on n'imagine pas les sollicitations qu'ils reçoivent.

Riyad est, pour moi, l'un des meilleurs joueurs au monde. C'est aussi et surtout un grand enfant qui n'est focalisé que sur le jeu. Il l'aime, le chérit. On a joué au ping-pong tous les deux et c'était un tueur. Je pouvais battre Mathieu Bodmer dans notre traditionnelle partie d'après-séance, mais Ryad, c'était un autre niveau. Il m'a fait découvrir le paddle. La première fois, on y a joué chez l'épouse de l'une des plus grandes fortunes d'Angleterre, dans une maison complètement dingue, avec hélicoptères et autres choses impensables. Riyad, en toute décontraction, qu'il soit ici ou à Sarcelles, me mettait là aussi des raclées.

Ce gars a tout vécu, a été refusé dans des centres de formation parce que jugé trop frêle, a fait des essais en D5 anglaise. Il a galéré, il fait partie de ces gens à qui on n'a rien donné, mais qui n'ont jamais changé, toujours souriant, jusqu'à être réclamé par Pep Gardiola à Manchester City et à réaliser tout ce que l'on sait. Il a toujours cru en lui. Il est allé au bout de ses rêves.

À l'heure où j'écrivais ces lignes, je venais de le revoir pour un cycle de travail pendant ses vacances, une semaine avant qu'il ne signe à Al-Ahli, en Arabie saoudite. Il m'avait donné rendez-vous dans l'un des plus beaux complexes hôteliers de Turquie, à Antalya, qui accueillait dans le même temps une réunion du G7… Il m'avait offert une chambre incroyable où tout était en accès libre, des buffets vertigineux, des piscines partout, des terrains de foot, de golf, la plage… et même une pâtisserie en libre-service vingt-quatre heures sur vingt-quatre (très dangereux, ça !). Il avait amené avec lui toute sa famille anglaise. Il fallait le voir déambuler incognito, parmi les grands de ce monde, en short, tongs et bob, se mélanger aux gens, déjeuner avec les touristes, partager au buffet. C'était tellement lui.

Riyad terminera certainement entraîneur à Dubaï, sans pression. Il fera des petits ponts à ses joueurs aux entraînements. Il pourra surtout être fier du travail accompli. Je serai toujours là pour lui.

La bio de Riyad Mahrez

33 ans. Né le 21 février 1991 à Sarcelles (FRA). 1,79 mètre, 61 kilos. Attaquant.

International algérien : 90 sélections, 30 buts, à partir de 2014.

Parcours : Quimper (2009-2010), Le Havre (2010-jan. 2014), Leicester (ANG, jan. 2014-2018), Manchester City (ANG, 2018-2023), Al-Ahli FC (SA, 2023-2024).

Palmarès : vainqueur de la C1 2023 (Manchester City) ; champion d'Angleterre 2016 (Leicester), 2019, 2021, 2022, 2023 (Manchester City) ; vainqueur de la Coupe d'Angleterre 2019 (Manchester City) ; vainqueur de la Coupe de la Ligue 2021 (Manchester City) ; vainqueur du Community Shield 2018 (Manchester City) ; finaliste de la C1 2021 (Manchester City).

BENJAMIN ANDRÉ, L'ÂME CORSE

Je vous ai déjà parlé en quelques lignes de Benjamin André lors d'un précédent chapitre consacré à Carl Medjani. Ce joueur mérite beaucoup plus, même si je n'ai travaillé qu'une seule saison avec lui alors qu'il jouait à l'AC Ajaccio, entre 2012 et 2013. On avait dû cesser notre collaboration à l'arrivée de Fabrizio Ravanelli aux commandes de l'équipe. Il faisait travailler les joueurs beaucoup trop durement pour insérer la moindre séance personnelle.

La fin avait été difficile à accepter pour moi tant Benjamin André a été une belle aventure, humainement forte. L'ACA était monté en Ligue 1 lorsque Clément Grenier m'a demandé si j'accepterais de m'occuper de Benjamin. Ils se connaissaient à travers les sélections en équipe de France Espoirs, et Clément, pour parler de moi, a toujours été un excellent agent. Benjamin m'avait donc appelé pour me dire qu'il était intéressé pour travailler plus que ce qu'il ne faisait à l'époque. Au premier abord, tout me semblait compliqué au niveau de la logistique pour aller en Corse. Il me fallait mettre le Berlingo dans un bateau, dormir douze heures dans des conditions moyennes, je voyais déjà les coûts élevés… Mais comme j'aimais le joueur et cette île, j'ai accepté.

Après une première traversée assez épique, j'ai rejoint Benjamin chez lui et j'ai découvert une perle. Ou plutôt deux perles : lui et sa femme. Lui, sudiste d'origine, parti tôt de chez lui pour intégrer le centre de formation ajaccien, mais en réalité une vraie mentalité corse. Elle, Corse. J'ai rencontré un mec qui parlait extrêmement bien, pas étonnant qu'il soit capitaine partout où il passe, que ce soit à Rennes ou Lille, un garçon qui avait de la prestance, qui ne reculait jamais devant rien. Un Corse. Si on me demandait de choisir, en Ligue 1, un capitaine et un numéro 6, je le choisirais lui. On ne se trompe pas avec Benjamin André. Il est solide, fiable.

Non seulement il a toutes ces qualités-là, mais en plus il a un très gros moteur. On a mis en place un travail monumental, que l'on effectuait tantôt sur le balcon de leur appartement, tantôt sur la plage d'Ajaccio. Les pentes, je ne vous en parle même pas, la Corse est un trésor. J'ai appris à connaître un couple magnifique, qui m'a toujours traité comme un invité. Ils m'emmenaient manger en ville ou alors me faisaient la popotte chez eux le soir.

On pouvait parler de tout avec eux, de bien d'autres choses que de football. Benjamin était un lecteur du Courrier International, curieux du monde qui l'entoure, un passionné de surf, de voyages, de Bali, et un fin gourmet. Il m'a fait goûter la Corse au sens propre, aussi fier que je suis fier de mon Ardèche. On a mangé du fromage corse, on a dégusté des vins merveilleux, des fruits et des légumes magnifiques. Il me conseillait toutes les meilleures adresses, dont celle de son beau-père qui tenait un petit établissement en ville où j'allais boire un verre quand je pouvais. À tel point qu'au bout de quelques semaines, je prenais presque plus de plaisir à aller chez eux pour eux que pour nos séances.

L'athlète, évidemment, avait un point fort : son volume de jeu. À ce moment-là de sa carrière, il jouait au poste de latéral. Il méritait autre chose, il méritait mieux, cette place de 6, ce qui a fini par arriver naturellement. Il était tanké, aussi, et très, très bosseur. Il demandait des séances, suivait celles que je lui envoyais à distance. J'allais le voir chaque mois. Malgré tous ses efforts, il n'avait pas fait une énorme saison cette année-là. Le club s'était maintenu dans l'élite, mais pas d'étincelles, en tout cas il n'avait pas encore la dimension qui est la sienne depuis une décennie désormais.

Je me souviens d'une chose que j'avais trouvée formidable : lors de la présaison suivante, plutôt que de venir à Lamastre comme de tradition, il m'avait demandé s'il pouvait s'en aller sur les chemins du GR20. Super idée. Ils avaient ensuite prévu de partir quinze jours ou trois semaines à Bali pour y faire du surf, puis de la marche. Bref, un type étonnant, passionnant, ouvert, cultivé.

En septembre, alors qu'on était prêts à redémarrer un cycle ensemble, arrive donc Fabrizio Ravanelli aux commandes, avec ses méthodes importées de la Juventus des années 1990-2000. Pas de contrôle des charges, trop de travail, il a cramé tout le monde. Même Benjamin qui adorait bosser me disait que c'était beaucoup trop. Ravanelli a explosé en vol, comme ses joueurs, viré début novembre. Quand Benjamin m'a appelé pour me dire qu'il serait impossible de caler des séances personnelles, je me revois abattu, chez Maxime Gonalons. Benjamin a été la première déception de ma carrière. Je le comprenais, mais je me voyais le suivre durant tout son parcours de footballeur.

Je l'ai revu à Rennes. J'y allais pour Steven Moreira. Je lui ai envoyé un jour un petit texto pour le saluer de loin. Il m'a répondu dans la minute : « Fab, dépêche-toi de venir nous voir à la maison, on t'attend pour dîner ce soir. » J'ai retrouvé ce même couple côtoyé à Ajaccio. La même gentillesse, la même ouverture d'esprit, les mêmes valeurs humaines. Un repas merveilleux.

Il mérite ce qui lui arrive. J'aurais adoré qu'il décroche une petite sélection en équipe de France. Cela aurait été une jolie cerise sur le gâteau. Il sera toujours dans mon cœur, cet homme.

La bio de Benjamin André

33 ans. Né le 3 août 1990 à Nice (FRA). 1,80 mètre, 76 kilos. Milieu.

Parcours : Ajaccio (2008-2014), Rennes (2014-2019), Lille (2019-aujourd'hui).

Palmarès : champion de France 2021 (Lille), vainqueur de la Coupe de France 2019 (Rennes), vainqueur du Trophée des champions 2021 (Lille).

« MAIS C'EST BAFÉ GOMIS ? »

Bafé arrive plus tard dans ma carrière. Il était au bout de son aventure lyonnaise et allait rejoindre Swansea, au Royaume-Uni. On était en 2014. Il avait déjà cheminé : Saint-Étienne, Troyes en prêt, Lyon. L'avantage qu'a ce joueur, c'est qu'il est facilement identifiable, reconnaissable. Son agent m'avait appelé, les joueurs parlaient dans le milieu et mon nom circulait. Bafé savait, par l'intermédiaire de Yohan Cabaye en équipe de France, qui j'étais et ce que je proposais.

Je l'ai rencontré pour la première fois chez lui, dans un très bel appartement au bord du parc de la Tête d'Or, à Lyon. Un appartement en rez-de-chaussée qui donnait sur la verdure, un environnement merveilleux, avec pour voisin du dessus un certain Jean-Michel Aulas, le président emblématique de l'OL. Ils étaient à ce moment-là très en froid puisque Bafé venait de partir, libre, pour Swansea.

Je l'ai testé sous des hauts plafonds, dans ce très beau quartier. Et j'ai découvert un joueur humainement incroyable.

Un si beau phrasé. Bafé venait de la banlieue de Toulon, d'une famille pauvre, mais il parlait comme un livre. Je pense d'ailleurs qu'il passera par la case consultant télé, ambassadeur d'un club, plus tard, ou conseiller d'un président. Carl Medjani m'avait raconté leur rencontre au centre de formation de Saint-Étienne. Le jeune Bafé était arrivé là avec son petit sac plastique et quelques affaires dedans. Autrement dit, rien. Rendez-vous compte. Moi, j'ai rencontré quelqu'un toujours souriant, avenant.

On a commencé les exercices. Et là, j'étais face au mec le moins en forme que j'aie jamais vu. Une catastrophe ! Le genre de joueur charpenté, costaud, qui doit faire attention à sa nutrition, mais complètement à la rue sur tout le travail que je voulais entreprendre avec lui. Il n'avait jamais bossé en dehors de ses clubs, ni même fait attention à quoi que ce soit. Il allait à trois à l'heure, il soufflait non pas par dépit, mais bien par manque de souffle. Il avait beau être un bon joueur de Ligue 1, marquer entre douze et quinze buts par saison, il ne tenait aucun exercice d'explosivité. L'Angleterre se profilait pourtant à l'horizon. Un pays que je connaissais bien. Je l'avais donc prévenu en fin de séance : ce serait compliqué pour lui s'il ne progressait pas, surtout qu'il était déjà un joueur mûr en âge, pas loin de 28 ans.

Tout s'était néanmoins bien passé et on avait mis en place un certain nombre de choses. Bafé avait eu comme une révélation dès ce premier jour. Il venait de comprendre que pour réussir au plus haut niveau, il convenait de travailler plus. Toute sa carrière, toute sa vie, il me répètera inlassablement la même phrase, des centaines de fois : « Fab, pourquoi je n'ai pas commencé à travailler avec toi plus tôt ? » Sans doute n'était-il pas prêt mentalement. Sans doute n'avait-il pas conscience qu'il fallait produire ce genre d'efforts, tout simplement.

À Swansea, il s'est passé ce que je craignais : il jouait très peu, doublé dans la concurrence par Wilfried Bony qui empilait les buts. Mais au lieu d'adopter l'attitude de beaucoup de joueurs dans ce contexte, il n'a rien lâché, ne s'est jamais laissé aller et a décidé de bosser trois fois plus. On se retrouvait donc encore plus régulièrement. À Lyon quand il rentrait en vacances, à Swansea quand il fallait. Swansea, c'était une épopée pour y aller. Avion jusqu'à Londres, location d'une voiture, quatre heures de route pour rejoindre le Pays de Galles et cette maison anglaise, pas ostentatoire, mais très jolie, dans son garage ou sur la plage de temps à autre. Je montais là-bas plus d'une fois par mois.

On a mis six mois pour redresser la barre : petits périmètres, explosivité. Son grand point fort, c'était son jeu dos au but. Bafé est l'un des plus performants que j'aie rencontré de ce point de vue, sans doute avec Serhou Guirassy. Ça ne bouge pas, c'est ancré au sol. On a donc appuyé sur ce point fort et accentué le travail pour qu'il se retourne encore plus vite. Il a mesuré en quelques mois la transformation. Il en redemandait. Il n'avait aucune distraction à l'extérieur à Swansea. Il était centré sur lui, sa famille, la performance, ce qui constituait un contexte de travail idéal. Son épouse était charmante. Ils avaient déjà un fils, tout petit. Je les retrouvais avec joie. Ils m'ont d'ailleurs invité à leur mariage l'année dernière.

Au fil des mois, Bafé a pris ses marques à Swansea, grappiller quelques titularisations, marqué une poignée de buts. À la fin de la première saison, il en voulait encore plus. Il était donc venu à Lamastre, mon petit village d'Ardèche, comme quelques autres : tous les ans au mois de juin, je les accueille pour trois jours de travail en pleine verdure. Je les emmène à deux pas, chaque matin, dans les marches de l'église Saint-Domnin de Macheville. C'est la Mecque de la préparation physique pour moi : là, j'ai plus de 120 marches où je peux les faire travailler. C'est l'enfer sur Terre, bondissements, sauts, cardio. Bafé est l'un de ceux qui ont monté les marches de Machville en me disant « t'es taré », et qui, en redescendant, arrivaient à peine à marcher, tremblants de partout, se tenant à la rampe. Il fallait le voir pour le croire.

Sur ces marches-là, passent évidemment les habitants du village. On se connaît tous, on discute souvent. C'est là que j'ai vu, une fois, une petite grand-mère s'arrêter et me dire : « Mais c'est Bafé Gomis ? » Je n'ai pas pu m'empêcher de rire, moi qui m'attendais à un truc du genre « comment ça va, Fabien, aujourd'hui ? », avant de lui répondre que oui, effectivement, c'était lui. Quand je vous disais que Bafé était identifiable. Il a un physique, une prestance.

Bafé est très pieux. Sur cet escalier qui monte à l'église, je l'ai déjà vu se mettre à genoux alors qu'une bonne sœur descendait et la saluer ainsi, échanger quelques mots avec elle. On mangeait ensuite à la maison le midi, sur la terrasse, dans les bois, avec ma femme et mes enfants pour qui le nom de l'invité n'avait aucune importance. Gomis ou le voisin, c'était pareil et c'est une chance. Je réentends Bafé me dire : « Ça, c'est la vraie vie. » Sans doute à mille lieues de son rythme, du haut niveau, de la compétition qui pompe tellement d'influx nerveux et d'énergie aux joueurs.

Malgré ses progrès, malgré le fait qu'il était sans doute dans la forme de sa vie, Bafé acceptait mal sa situation à Swansea. Il m'en parlait beaucoup. Il parle beaucoup tout court, il en a besoin. Des heures de discussion après les séances, notamment après la mort de son papa qui l'a beaucoup marqué. Je ne suis ni psy ni préparateur mental. J'écoutais. Je suis issu d'une lignée de commerçants, de vrais commerçants qui vous apprennent une chose : l'empathie. L'écoute est une valeur fondamentale dans mon métier et je crois que les joueurs viennent aussi chercher cela, avec une forme d'expérience, ce qui n'est pas con du tout dans un cheminement de sportif de haut niveau.

Bafé, donc, ne vivait pas bien Swansea. Il avait connu quelques problèmes, aussi, comme à Lyon : ses malaises. Vous vous en souvenez ? Il tombait fréquemment sur le terrain, comme ça, sans raison, les yeux révulsés. Les images étaient toujours très impressionnantes et ramenaient chaque spectateur ou téléspectateur à des drames passés. Il en avait fait un, un soir, sur la pelouse de Chelsea. J'étais devant ma télé. C'était la première fois que cela se produisait depuis que je travaillais avec lui. On en a parlé après coup. La tonne d'examens qu'il a passée n'a rien donné. C'était vagal. Lui savait qu'il pouvait rejouer dix minutes après, que ce n'était pas grave.

Bref. La situation ne lui convenait plus. Il avait donc décidé de se faire prêter à l'Olympique de Marseille. Sur les réseaux sociaux, il était devenu une cible facile. Une seule chose pouvait inverser la tendance : qu'il marque des buts. À ce moment-là, je lui coûtais assez cher car il fallait aller jusqu'à Swansea. Son agent m'a appelé : « Bafé te veut encore plus à Marseille. » Les négociations ont toujours été âpres avec lui. Je n'ai jamais fléchi et j'ai toujours tenu parole. Je lui ai répondu : « D'accord, mais je ne baisse pas mes tarifs. » Bafé, lui, m'a annoncé : « Fab, si je marque vingt buts dans la saison, je te verserai une prime. »

Ça m'était entré par une oreille et sorti par l'autre. J'ai assez peu confiance dans ce milieu.

On a donc fait la saison. Bafé était sous les ordres de Rudi Garcia. Il l'avait mis dans la confidence de notre collaboration en dehors du club, tout comme il avait prévenu le préparateur physique de l'OM. On a commencé à travailler au Sofitel en juillet, deux jours d'affilée. Il m'avait payé une chambre. J'étais descendu d'Ardèche avec mon fils, Gaspard, qui avait une douzaine d'années. Je l'emmenais souvent avec moi. Et Bafé a tout de suite enchaîné les buts, c'était un début de saison idyllique. Il avait déménagé dans une maison à Aix-en-Provence, dans un très beau complexe hôtelier. Cette année-là, il a inscrit 21 buts. Au lendemain de ce score, il m'a transféré une prime de 10 000 euros sur mon compte en banque.

Voilà. Ça, c'est Bafé. C'est un homme de parole, quelqu'un de très généreux. Je me souviens d'avoir fait une séance chez lui à Lyon. Il avait perdu son papa quelques semaines auparavant. Devant sa porte, quatre Volkswagen Touareg neufs. Je lui ai demandé de quoi il s'agissait. Il m'a expliqué : « C'est pour remercier mes amis proches qui m'ont beaucoup soutenu pendant cette période difficile. » C'est Bafé, ça.

Sa période marseillaise a donc été parfaite. Il atteignait le niveau auquel il devait être. Il avait quelques propositions de clubs anglais, mais contre toute attente, il avait opté pour Galatasaray, en Turquie. Je me souviendrai toujours de ce qu'il m'a confié, trois ou quatre ans après ce transfert : « Fab, je pense qu'un joueur, d'un point de vue économique, doit connaître son marché. » C'était exactement ça. Lui, son marché économique, ce n'était pas de signer dans un club anglais moyen à 200 000 euros par mois pendant trois saisons. Lui, son marché, c'était autre chose : la Turquie, avec un très gros salaire pendant un an puis la perspective, s'il était bon, de rejoindre un nouveau marché.

Il se trouve qu'il a été bon en Turquie, champion national, très malin dans sa communication, doué pour choper tous les codes, et très, très sympa avec les gens, j'y reviendrai tout à l'heure. C'est l'Arabie saoudite, le club d'Al-Hilal, qui s'est ouverte à lui ensuite, pour des sommes hallucinantes pendant trois nouvelles années. Il a de nouveau été très fort là-bas, gagnant la coupe d'Asie, ce qui lui a offert un autre rebond, un retour en Turquie. Bafé avait compris les marchés. Il a toujours voulu davantage. Il était à la fois généreux et il savait se vendre. Bafé, c'était travailler plus pour gagner plus. D'où cette phrase, pendant sept ans : « Fab, pourquoi je n'ai pas commencé plus tôt avec toi ? »

À Istanbul, cela a marché plus que de raison. Il a gagné le championnat, a terminé meilleur buteur. Une folie quand on connaît la ferveur des supporters dans ce pays. On se voyait avec la même assiduité, à la même fréquence.

Comme avec Yohan Cabaye à Newcastle – souvenez-vous –, j'ai organisé avec les copains du foot de mon village un déplacement pour aller le voir jouer à Galatasaray, à l'occasion d'un derby contre Besiktas. Pour la première fois, on a troqué le minibus contre l'avion. Bafé m'avait demandé nos neuf passeports en amont afin de pouvoir obtenir des places. On est arrivés. Il nous a priés de le rejoindre dans un restaurant huppé, La Petite Maison, dans lequel on a entonné bien sûr La montagne de Jean Ferrat, et tous nos chants ardéchois. On était les plus heureux du monde avec les copains.

Le lendemain, on a visité Istanbul avant le match. Arrivés au stade, on a compris que Bafé nous avait réservé une loge. On n'avait jamais passé un match en loge ! Je dois vous parler de l'ambiance. C'était in-cro-yable. Au bout de vingt minutes de jeu, l'un des copains a dû se réfugier à l'intérieur tant les tribunes étaient bruyantes ; ses oreilles ne supportaient plus.

Petit aparté : les joueurs, au niveau de la gestion des émotions, sont hors normes. Les gens pensent souvent que ce sont juste de pauvres types qui gagnent beaucoup d'argent. Moi, je dis que ce sont des gens doués d'une intelligence émotionnelle exceptionnelle, au-dessus de la moyenne. Mettez un maillot de foot, allez jouer devant 40 000 personnes qui hurlent, vivez les jugements incessants minute par minute, les excès permanents des commentaires, et on en reparle. Quel métier est aussi impactant, quel métier déclenche autant de réactions, positives ou négatives d'une semaine sur l'autre, pendant quinze ans ?

Je ne suis d'ailleurs pas étonné de constater que la parole se libère de ce point de vue. Des joueurs, et pas des moindres, n'hésitent plus à parler de burn-out, de dépression. C'est ce qu'a fait Adil Ramy. C'est ce qu'a fait, aussi, Thierry Henry. Tous ceux que j'ai connus ont vécu des moments compliqués. Ils ne dorment pas après un match, trop d'émotions à appréhender. Beaucoup de gens se moquent des célébrations des footballeurs lorsqu'ils marquent un but. Pas moi : ils lâchent tout, ça leur fait du bien, c'est un exutoire.

Bafé a toujours mis de la distance avec cela. Comment a-t-il fait, je n'en sais rien. Il avait ses propres objectifs, il aimait sans doute cette adrénaline. Il savait se faire aimer des publics les plus bouillants. Il faisait la panthère, le lion à chaque célébration. Combien de joueurs sont excellents à l'entraînement, mais pas en matches. Beaucoup. Parce qu'ils n'arrivent pas à gérer la pression.

Revenons à ce petit périple à Istanbul. Deux heures après le match, coup de téléphone de Bafé : « Vous êtes où ? » Moi : « On se rentre, il est tard. » Lui : « Non, non, dépêchez-vous, je vous attends chez Nusret. » Nusret, c'était le célèbre boucher et restaurateur turc. On ne connaissait pas, mes potes et moi. On a tapé le nom sur Google en l'écrivant mal. On s'est retrouvé dans une cité d'Istanbul. J'ai rappelé Bafé qui m'a indiqué le bon chemin. On est arrivés dans un endroit select, habillés en Ardéchois moyens. Le vigile ne voulait pas nous laisser entrer jusqu'à ce que Bafé arrive. Il était déjà installé avec une trentaine de personnes. Il en avait viré la moitié pour qu'on ait de la place. « Prenez ce que vous voulez. » À la fin, séance photos avec tous mes amis. C'était inoubliable. On avait vécu notre plus beau voyage.

À l'issue de cette saison prolifique, en juillet, j'avais retrouvé un Bafé face à un dilemme sportif. Il n'avait vécu que de belles choses, mais était hésitant. Devait-il poursuivre ici, changer de destination ? Il était tout simplement à l'écoute du marché, comme je vous le racontais plus haut. Il a signé un beau contrat pour trois saisons à Al-Hilal, a basculé dans la confédération asiatique, abandonné nos bonnes vieilles coupes d'Europe. Il avait une idée derrière la tête, en réalité : gagner la coupe d'Asie.

On a continué notre travail, malgré les complications administratives. J'avais des cycles de trois jours de plus à caler dans mon agenda, chaque mois. J'ai découvert en Arabie saoudite un grand complexe fermé, où chaque joueur avait sa maison de luxe avec piscine. Au milieu, un gymnase suréquipé, un terrain de foot, une piste qui faisait le tour du stade en étage pour courir, des piscines intérieures et extérieures. Vitesse limitée à 20 kilomètres-heure, tout était sécurisé. La première fois, Bafé était venu me chercher à l'entrée avec son chauffeur, le même qu'il avait en Turquie. Je le voyais toujours aussi motivé. Voire même encore plus. Il avait tout mis en place. Il avait un kiné, un ostéo, un excellent chef cuisinier français qui lui faisait tous les repas. Tout cela en plus de ses entraînements au club. Bafé avait aussi pris un préparateur physique pour son entretien quotidien, sa routine abdo-gainage. En arrivant, j'ai été surpris. Mais cela n'avait rien changé : j'étais là pour lui faire travailler son explosivité dans les moments charnières.

Évidemment, il a rempli tous ses objectifs pendant trois ans. Et moi, il m'arrivait de faire de belles rencontres. Dont celle avec Hervé Renard, qui était alors sélectionneur de l'Arabie saoudite. Il vivait dans ce complexe privé lui aussi. Peu de gens s'y entraînaient. Un jour, je vois au loin ce type courir, beau gosse, costaud. J'avais engagé la conversation. Il dégageait un truc impressionnant, une aura. Il m'a invité à prendre le café chez lui. On a parlé de foot, de mon expérience, de la sienne. Il s'est presque excusé d'avoir pris un préparateur physique récemment. Quelques jours plus tard, il m'invitait à déjeuner, toujours chez lui, en famille. Un vrai bonheur, cet homme.

Bafé a rejoué une dernière saison à Galatasaray. Peu de temps de jeu néanmoins, barré par un certain Mauro Icardi.

Notre collaboration s'est espacée. Il avait atteint ses objectifs, il n'avait plus besoin de moi. Il n'y a jamais vraiment de point final dans ma collaboration avec un joueur. Je veux dire, un moment où l'on décide que c'est terminé, une dernière séance. Parfois on peut le penser, mais on n'est jamais à l'abri d'un nouveau contrat, d'un ultime rebond ou d'un arrêt imprévu alors que le joueur espérait une nouvelle expérience. Bafé termine sa carrière au Japon en ce moment, où il se fait connaître. On s'envoie toujours des messages.

Il s'est marié en juin dernier à une Bretonne, une Rennaise, où vit toujours sa belle-famille. Il n'est pas rare de le croiser là-bas sur le chemin de halage en train de courir. N'hésitez pas à le saluer, vous aurez peut-être l'occasion de bavarder avec un chouette type. Un chouette type qui, quand j'ai fait mon infarctus en 2019, avait posté une photo de nous sur son compte Instagram avec ce commentaire : « Amis pour la vie. »

La bio de Bafétimbi Gomis

38 ans. Né le 6 août 1985 à La Seyne-sur-Mer (FRA). 1,84 mètre, 77 kilos. Attaquant.

International français : 12 sélections, 3 buts, entre 2008 et 2013.

Parcours : Saint-Étienne (2003-jan. 2005), Troyes (prêt, fév. 2005-mai 2005), Saint-Étienne (2005-2009), Lyon (2009-2014), Swansea (ANG, 2014-2016), Marseille (prêt, 2016-2017), Galatasaray (TUR, 2017-2018), Al-Hilal Riyad (SA, 2018-2022), Galatasaray (TUR, 2022-2023), Kawasaki Frontale (JAP, 2023-2024).

Palmarès : champion de Turquie 2018, 2019, 2023 (Galatasaray) ; meilleur buteur du championnat de Turquie 2018 (Galatasaray) ; vainqueur de la Coupe de France 2012 (Lyon) ; vainqueur du Trophée des champions 2012 (Lyon) ; finaliste de la Coupe de la Ligue 2012, 2014 (Lyon).

L'IMPACTANT SADIO MANÉ

Maître Camara, avocat sénégalais, s'occupe donc des affaires de Sadio Mané qui joue à ce moment-là à Southampton, et me sollicite alors que je voyage pour la première fois de ma vie au Qatar pour Nadir Belhadj. Sadio, c'est un parcours atypique. L'AS Génération Foot au Sénégal, puis Metz le club partenaire qui le repère, puis Salzburg où il explose, marque plus d'un but par match. En Autriche, c'étaient les débuts de la collaboration avec Red Bull. C'est un club qui est alors très en avance sur la préparation des joueurs, la performance, j'aimais beaucoup ce qui était entrepris là-bas. Avant que les portes de l'Angleterre ne s'ouvrent, évidemment. Southampton l'achète et je le récupère quelques mois plus tard.

J'aurais pu travailler plus tôt avec Sadio, car je montais régulièrement à Southampton voir un joueur dont je vous parlerai dans le chapitre suivant : Morgan Schneiderlin. Je m'étais renseigné auprès de Morgan, bien sûr, qui m'avait vanté les qualités de Sadio. J'ai donc accepté la proposition de maître Camara. Ça tombait bien. Je pouvais coupler les deux quand j'y montais.

Je découvre un garçon gentil, qui m'accueille dans une maison banale au milieu de tout le monde, pas protégée, dans cette ville portuaire grise, mais qui semble s'égayer, se mettre à vivre fort à chaque match. On s'est retrouvés un soir, tard. Je fais faire à Sadio un petit test : un double tour de corde à sauter. Pour moi, une fois que le mec sait faire de la corde à sauter, il s'agit du meilleur test d'explosivité. Pas besoin d'avoir toujours du matériel sophistiqué… Ça consiste, vous l'aurez compris, à faire deux tours de corde à sauter en un seul bond et d'en enchaîner un maximum.

À sa première tentative, Sadio bat tous les records. Je n'avais jamais vu ça. Je suis face à une machine. Il est puissant, il fait mal. Il n'est pas très grand, mais c'est une vraie petite boule de muscles. Quand on effectue des exercices où je lui demande de passer le bras dans un contact, que je joue au défenseur, je ressors des séances avec des bleus partout sur le corps. En vingt ans de carrière, c'est le seul qui me fait ça. Une force de la nature. Chaque mouvement chez lui est impactant, dur, un caillou. Et une pile sur les trois premiers mètres.

Je lui ai dit assez vite : « Sadio, tu es programmé pour le très haut niveau. Si on travaille bien, ton prochain club ce sera le top. On va accentuer ton point fort. » À savoir son explosivité, donc tout ce qui me plaît. « Fais-moi confiance », je lui dis.

On a travaillé deux ans ensemble, à raison de deux jours toutes les trois semaines environ. Et je ne dirais pas que cela ait été constant. Je sentais parfois Sadio moins motivé, mais il travaillait quand même avec plaisir, souriant, conscient qu'il fallait bosser et que j'étais là pour ça. Il a toujours été très cordial, sympa. Une fois, j'ai emmené mon fils Gaspard une semaine en Angleterre. Il devait avoir 8 ou 9 ans. Aéroport de Londres. Morgan Schneiderlin à Southampton. Sadio Mané. Jordan Ayew à Newcastle. Retour en France. Bafé Gomis à Lyon. Maxime Gonalons. Et depuis ce moment, à chaque fois que j'ai eu Sadio au téléphone pour caler nos agendas, il me demandait des nouvelles du petit. C'est peut-être un détail pour vous, mais pour moi ça veut dire beaucoup, comme dirait la chanson.

J'ai fait la connaissance de sa maman, un jour. Elle ne parlait pas un mot de français. Sadio m'expliquera au fil du temps d'où il vient, son quotidien quand il jouait pieds nus au Sénégal. Il me racontera la misère, la vraie, dont il est issu.

Il me dira que depuis qu'il gagne de l'argent, il s'investit beaucoup pour Bambali, son village, au sud du pays. Il y a notamment encouragé l'égal accès des garçons et des filles à la pratique du football, il y a financé un hôpital. On peut difficilement faire plus généreux que lui.

Il a d'ailleurs reçu, en 2022, le premier prix Socrates lors de la cérémonie du Ballon d'Or, qui récompense les footballeuses et footballeurs engagés dans des projets sociétaux et caritatifs. Ça vous pose un bonhomme, non ?

Il a beaucoup progressé à Southampton, jusqu'à mettre des triplés dont un en moins de trois minutes contre Aston Villa. Sur le terrain, il était affolant. L'Europe le découvrait vraiment, c'est la force de l'Angleterre, toutes les caméras sont là-bas.

Comme prévu, Liverpool arrive. J'y suis monté une fois. On avait changé de standing, une maison magnifique. On a fait une belle première séance. À la fin, on a discuté. Il m'a raconté les entraînements au club. J'ai alors compris que nous n'irions pas plus loin. Ils travaillaient beaucoup. Ils jouaient tous les trois jours, un rythme infernal, le club allait au bout de toutes les compétitions et il était titulaire. Pendant les coupures internationales, il jouait en sélection avec ce statut de star. Il a dû faire des saisons à 70 matches… Ce serait donc impossible de caler quoi que ce soit, d'être cohérent dans l'approche et dans la préparation physique. D'un commun accord, on a arrêté.

On connaît tous la suite. Sadio a explosé aux yeux du monde. Un palmarès incroyable avec les Reds pendant six ans, presque un but tous les deux matches, jamais blessé. Puis le Bayern Munich où les choses ne se sont pas bien passées. Puis l'Arabie saoudite, Al-Nassr, où il a dû parapher un contrat mirifique. Il partait de tellement bas, ce garçon si gentil. Ce n'est que justice.

La bio de Sadio Mané

32 ans. Né le 10 avril 1992 à Bambali (Sénégal). 1,75 mètre, 69 kilos. Attaquant.

International sénégalais : 102 sélections, 41 buts, depuis 2012.

Parcours : Metz (2011-août 2012), Salzbourg (AUT, sept. 2012-août 2014), Southampton (ANG, sept. 2014-2016), Liverpool (ANG, 2016-2022), Bayern Munich (ALL, 2022-2023), Al-Nassr Riyad (SA, 2023-2024).

Palmarès : Vainqueur de la Coupe d'Afrique des Nations 2021 (Sénégal), vainqueur du Mondial des clubs 2019 (Liverpool), vainqueur de la C1 2019 (Liverpool), vainqueur de la Supercoupe d'Allemagne 2022 (Bayern Munich), champion d'Autriche 2014, 2015 (RB Salzbourg), champion d'Angleterre 2020 (Liverpool), champion d'Allemagne 2023 (Bayern Munich), meilleur buteur du championnat d'Angleterre 2019 (Liverpool), vainqueur de la Coupe d'Angleterre 2022 (Liverpool), vainqueur de la Coupe de la Ligue 2022 (Liverpool), finaliste de la C1 2018, 2022 (Liverpool).

MORGAN SCHNEIDERLIN À VIE

Morgan a une carrière atypique. Il est formé à Strasbourg où il fait quelques matches. Il est jeune. Et arrive une offre de Southampton, en deuxième division anglaise, qu'il accepte. Choix qui détonne alors dans le milieu. On est en 2008. En avril de l'année suivante, le club est sanctionné en raison de difficultés financières et rétrogradé en troisième division. Imaginez un peu comment on vit ça…

Je suis amené à m'occuper de Morgan bien plus tard, après la Coupe du monde 2014 au Brésil. J'aimais beaucoup son profil de joueur. Milieu de terrain, grand, costaud, box to box comme ils disent outre-Manche. J'ai lu une ou deux interviews de lui, je trouve ça propre. Donc j'ai pris mon courage à deux mains : je lui ai écrit une lettre manuscrite et j'ai glissé dedans un DVD présentant ce que je faisais. Encore aujourd'hui, je ne sais pas ce qui m'a pris, pourquoi ce joueur m'a aimanté ainsi.

Trois semaines plus tard, coup de téléphone : Morgan en personne. « Bonjour, excusez-moi pour le retard. Bien sûr je suis intéressé par ce que vous proposez, on m'a beaucoup parlé de vous en équipe de France. Est-ce qu'on peut se rencontrer ? » Vous vous doutez bien que j'étais enchanté. En plus, voyant déjà Demba Ba en Angleterre, c'était facile.

J'arrive donc à Southampton. Et je vis là la meilleure impression qu'un joueur ne m'a jamais faite humainement. D'une gentillesse et d'une politesse exemplaires, souriant. On est en fin de journée. On fait la séance. Et sitôt cette dernière achevée, Morgan me propose d'aller boire un coup dehors. Un régal. Il habite près du stade, dans un lotissement qui donne sur un grand parc commun à toutes les maisons, devant lequel on travaille. Je trouve là un alter ego. Des discussions à n'en plus finir, une analyse pertinente du football, de la tactique, du milieu, un mec affable, jovial, un super joueur en plus de cela, qui s'est déjà fait un nom en Angleterre.

Il mène une grosse saison. C'est le taulier. Il est investi dans nos séances, il bosse, il est rigoureux. Je rencontre Camille, qui deviendra sa femme et la mère de leurs deux enfants. Un couple idéal, drôle, deux âmes sœurs. Camille a participé à Koh-Lanta, elle est sportive, motivée, avenante. Je dors chez eux quand je monte. Les soirées sont occupées par des jeux de société, ils en raffolent. Et moi, je me dis que j'ai trouvé la personne avec qui je vais travailler tout le reste de ma vie. Oui, oui, à ce point.

Bien sûr arrive un plus grand club : Manchester United. J'apprends cela par voie de presse. À partir de ce moment-là, je n'ai plus de nouvelles. Le néant. Inutile de vous détailler comment je vis ce silence. Jusqu'à un coup de téléphone de Morgan qui me dit : « Fab, avec Louis van Gaal, je sens que ça va faire trop si on ajoute des séances. Je crois qu'on va faire une pause. »

Effectivement, après renseignement, je m'aperçois que les entraînements de van Gaal ne laissent aucune place pour autre chose. Ils sont très longs, sans intensité, répétitifs. La vieille méthode hollandaise. Il faut attendre par exemple qu'il ait fini de manger pour sortir de table. Imaginez la tête de Wayne Rooney dans un tel contexte liberticide, comment voulez-vous que cela fonctionne. Cela ne passe pas avec les joueurs. Morgan joue, mais il est moyen. Il voit bien qu'il a perdu ce qui faisait sa force. Il décline. Van Gaal est viré. Et Morgan me rappelle : « Fab, j'ai fait une connerie, il faut qu'on s'y remette. » Plus tard, il m'avouera avoir raté le coche à ce moment, que c'était justement là qu'il fallait redoubler d'efforts.

José Mourinho a pris les rênes de l'équipe. On se remet à bosser, c'est d'autant plus important que Mourinho ne le positionne pas comme titulaire indiscutable. Néanmoins, lorsqu'il le sollicite, il est bon. Deuxième aveu, après coup : « Fab, mon autre regret est d'être parti trop tôt de Manchester. J'aurais dû être un peu plus patient. »

Autant à Southampton on travaillait dans une petite maison, autant à Manchester il avait changé de dimension. Il habitait dans la plus grande tour de la ville, un appartement incroyable au-dessus de celui de Mourinho, des baies vitrées tout du long offrant une vue panoramique dingue. J'en restais bouche bée à chaque fois. Sous mes yeux, tout Manchester à 360 degrés. On travaillait dans les rues, la nuit, jamais embêtés, dans la cage d'escalier commune, ou dans une pièce qu'on avait aménagée chez lui. On pouvait caser des séances facilement avec Mourinho. Lui, c'était l'école portugaise, la préparation physique intégrée au jeu avec ballon. Donc, ça ne travaillait pas assez. Grâce à lui, j'ai toujours eu des clients dans les clubs où il est passé. Avec Morgan, on appuyait donc sur le cardio et l'explosivité. Il était capable de répéter les efforts, il faisait très attention à son poids, il en avait compris l'importance au fil des ans.

Cependant, je sentais Morgan impatient. Il était revenu à son meilleur niveau. Il me disait « je les bouge à l'entraînement », mais il ne jouait pas assez à son goût. Il a décidé de partir. Everton, le club voisin, est arrivé avec une très belle offre qu'il ne pouvait pas refuser. Maison dans la banlieue de Manchester. Avec un terrain de tennis synthétique sur lequel on pouvait jouer au foot. On a fait des parties de raquettes mémorables là-bas après notre entraînement. Je n'ai jamais perdu, comme contre d'autres. Les conditions étaient optimales pour bien bosser. Chaque mercato apporte son lot d'opportunités, des destinations très exotiques parfois, comme la Chine.

Évidemment, le stage du mois de juin à Lamastre est indispensable. Il se retrouvera la première fois avec Morgan Sanson. Trois jours fantastiques. Il reviendra avec Camille une autre fois. Ils repasseront aussi trois jours avant mon infarctus, en van, avec un couple. Ils aimaient partir comme ça, direction le sud de la France, faire des feux de camp, vivre simplement en pleine nature. Allo, Fab, on passe manger chez vous ce midi. » Quand Stéphanie, ma femme, leur a appris pour mon infarctus, ils ont failli avoir un accident. À l'hôpital, en soins intensifs, Morgan et Camille m'avaient envoyé un gros bouquet de fleurs avec un saucisson d'Ardèche planqué dedans. Pour vous dire l'humanité de ces gens-là.

Je ne sais pas s'il sera entraîneur un jour. Mais où qu'il aille, j'aimerais être son préparateur physique. Morgan a eu une carrière atypique, comme je vous l'écrivais en préambule. Elle s'est dessinée au gré des entraîneurs. Quand ça matchait, il était titulaire indiscutable. Le meilleur qu'il ait eu, c'était Mauricio Pochettino à Southampton. À Tottenham, Pochettino le voulait aussi. Il était même venu le voir chez lui à Manchester dans le fameux appartement.

C'était un préparateur empathique. Un jour qu'il partait s'entraîner, Pochettino l'a gardé pendant près d'une heure dans son bureau pour partager un café et parler de la vie. L'humain était au centre du projet et il travaillait bien, ce coach.

Après trois saisons à Everton, lui et Camille filent à Nice, retrouvent la France douze ans plus tard. Ils ont d'ailleurs toujours eu du mal à quitter un club. Ils partaient à chaque fois le cœur un peu lourd, et puis, finalement, ils se faisaient de nouveaux amis partout où ils passaient.

Je me souviens encore des premiers échos de ses entraînements sur la Côte d'Azur. Le groupe l'avait trouvé dur, le genre de joueur qui met la tête là où on ne mettrait pas le pied, très anglais finalement. La première saison s'était fort bien passée pour lui, moins pour Patrick Vieira démis de ses fonctions en décembre 2020, remplacé par l'un de ses adjoints Adrian Ursea jusqu'à la fin de la saison. Mais ça ne travaillait pas assez, encore une fois, donc il avait besoin de moi.

Quand Christophe Galtier, qui venait d'être champion avec Lille, a débarqué au début de la saison suivante, Morgan a vécu de nouvelles contrariétés. En l'écrivant, je me rends compte que c'est vraiment l'histoire de sa carrière. Galtier ne lui fait pas vraiment confiance, il joue moins, lui, le cadre de la saison précédente. Cela finira par venir, mais ç'a été long. Je le sentais usé. Il m'a alors appelé un jour de janvier 2023 pour me dire : « Fab, devine où on part avec Camille ? » Je n'en avais aucune idée, mais je sentais une destination exotique au son de sa voix. Je lui avais d'ailleurs suggéré quelque temps plus tôt que ce ne serait peut-être pas une mauvaise idée. « En MLS ? » Raté. Il me lance : « Non, de l'autre côté ! » Moi : « Au Japon ? » Lui : « Non, encore raté, mais t'es pas loin. » C'était donc l'Australie, prêté six mois par l'OGC Nice. Au Western Sydney Wanderers, ils se sont fait bien sûr plein de copains, et cela marquait la fin de notre collaboration. Ils ont adoré la ville. Il m'a envoyé un jour un SMS me demandant les coordonnées de Valère Germain, car le club cherchait un attaquant. Cela ne se fera pas, mais Valère partira quand même là-bas six mois plus tard, dans un autre club.

Les Schneiderlin étaient rentrés à Nice. Fin de contrat. En juillet dernier, je suis allé le faire travailler. Il attendait une opportunité. La Turquie est arrivée : Konyaspor, en plein centre du pays. Il y est resté cinq jours, loin des siens. C'était trop difficile. Il est allé voir le président et a rompu le contrat.

Aujourd'hui, il joue une dernière saison en Grèce, à l'AE Kephissia, à Athènes. Un petit contrat. Il habite à côté de chez les Mounier, Anthony et Anne-Sophie. Vous vous doutez bien que je suis allé les voir. On s'est retrouvés à boire un verre tous ensemble. Je me suis alors dit que j'avais une sacrée belle vie, entouré de deux joueurs devenus des proches, des mecs formidables, leurs femmes devenues amies. Des gens stables, équilibrés.

La fin de l'aventure avec ces gens-là est toujours un crève-cœur. Comme avec Yohan Cabaye, comme avec Demba Ba. Mais je me dis souvent qu'on est allé au bout de ce que l'on pouvait faire en termes de préparation physique, que c'est déjà bien, que c'est mon rôle. Juste mon rôle. C'est aussi ce qui est beau : repartir, refaire ses valises, recommencer.

La bio de Morgan Schneiderlin

34 ans. Né le 8 novembre 1989 à Strasbourg (FRA). 1,85 mètre, 75 kilos. Milieu.

International français : 15 sélections, entre 2014 et 2016.

Parcours : Strasbourg (2006-2008), Southampton (ANG, 2008-2015), Manchester United (ANG, 2015-jan. 2017), Everton (ANG, jan. 2017-2020), Nice (2020-jan. 2023), Western Sydney Wanderers (AUS, prêt, jan. 2023-2023), AE Kephissia (GRE, 2023-2024).

Palmarès : vainqueur de la Coupe d'Angleterre 2016 (Manchester United), vainqueur du Community Shield 2016 (Manchester United), finaliste du Championnat d'Europe 2016 (France).

STEVEN MOREIRA, LIONEL CAROLE ET… L'ARDÉCHOISE

Je vais vous raconter l'histoire d'un soleil. Steven Moreira, le Cap-Verdien. Je l'ai eu lorsqu'il jouait encore au Stade Rennais, entre 2014 et 2016, puis à Lorient jusqu'en 2018. Son agent m'avait appelé pour me demander si je pouvais m'occuper de lui. C'était encore un jeune joueur.

J'ai ressenti tout de suite de bonnes vibrations avec lui. C'était son gros point fort si je puis dire. Car pour le reste, je ne voyais pas de grosses qualités, de singularités physiques qui émergeaient lors de nos premiers tests. Steven faisait tout correctement, il était bosseur et sympa, mais sans ce petit truc en plus où tu te dis « OK, là c'est très fort ». Ce n'est pas du tout péjoratif dans ma bouche, ce n'est pas un reproche, ne vous méprenez pas. C'était juste un constat et cela n'empêchera en rien une progression.

On s'était retrouvé sur un terrain stabilisé de Cesson-Sévigné, juste à côté de la salle des handballeurs.

Le temps passait vite avec Steven. Avec le Stade Rennais, il était pas mal trimbalé à différents postes, tantôt à la récupération, tantôt sur un côté, tantôt latéral. Même les entraîneurs ne savaient pas. En revanche, ils comptaient sur lui.

À l'issue de la première saison, on avait convenu qu'il vienne en stage à Lamastre plutôt que de partir en vacances à Dubaï ou je ne sais où. Il était venu en train parce qu'il n'avait plus de permis à cause d'un excès de vitesse. J'étais allé le chercher à la gare de Valence. Toujours égal, Steven, toujours souriant. On a alors vécu, chez nous, des moments incroyables, à pleurer de rire. Il s'était retrouvé avec Morgan Schneiderlin et d'autres joueurs. On l'a tué dans les marches de Macheville. À tel point que pour rentrer, c'est-à-dire à peine quelques minutes de voiture, il s'est endormi et ronflait, ce qui ne manquait pas de faire marrer tout le monde. Steven a une faculté d'endormissement inégalable, capable dès lors qu'il est cuit, de s'assoupir n'importe où.

Steven est vite devenu l'un des chouchous de la famille et surtout des enfants. Il participait à tous les jeux possibles et imaginables. Il jouait au basket avec eux dans la maison. Au moment de repartir, la première fois, il avait rangé son studio avant qu'on le ramène à la gare. Lorsque Stéphanie est allée récupérer les draps et faire le ménage, elle avait découvert, sur le lit, un maillot de Rennes et un autre de l'équipe de France. On n'en revenait pas. Une semaine plus tard, message du frère de Steven : « On voudrait vous remercier pour l'accueil à Lamastre. Steven a adoré. On vous invite à Disneyland à Paris, on vous loge et vous montez quand vous voulez. » Imaginez les réactions à la maison, les enfants qui bondissaient sur le canapé. Steven était loin d'être le plus fortuné des joueurs que je côtoyais, et pourtant il fut l'un des plus généreux.

Son frère nous a accueillis dans un logement réservé pour quatre jours, avec les places pour Disneyland, d'une gentillesse folle. Il nous avait mis de côté des Tickets-Restaurant. On a passé trois jours tous les cinq dans le parc.

On a continué à s'entraîner à Lorient. Toujours aussi fiable en club, un joueur sur lequel n'importe quel coach peut compter. Évidemment, Steven est revenu à Lamastre. Ici, on travaillait très fort le matin à travers deux séances : une dans les marches de Macheville, puis une seconde sur le terrain avec ballon. On mettait tellement d'appui au sol le matin que l'après-midi, j'installais les joueurs sur des vélos pour travailler le cardio. On avait ce qu'il fallait, des VTT, on les déguisait avec des casques, des tenues, et on partait rouler sur les petites routes ardéchoises pendant une heure et demie environ, 700 mètres de dénivelé.

Cette année-là, j'avais repéré un truc intéressant dans la planification du stage. Si Steven restait une journée de plus, il pouvait participer avec nous le samedi à la fameuse cyclo L'Ardéchoise, fierté du pays, que je faisais tous les ans avec mes amis. C'était un petit risque, car participer à L'Ardéchoise après trois jours de stage, c'est assez coton. Mais bon, je lui avais proposé et Steven, bien sûr, avait dit banco pour le petit circuit, soit 80 bornes. Toujours partant, Steven…

On est partis dans le camion de Régis, mon pote fromager, avec les copains donc, tous un peu grandes gueules là-dedans, nos vélos à l'arrière, les bouquets confectionnés par Stéphanie pour les vainqueurs, des fromages en soute. En arrivant au départ, on a demandé au speaker de saluer Steven, le premier Cap-Verdien à participer à la course. Et on s'est retrouvés au milieu de 15 000 participants, collés-serrés, une découverte pour Steven qui peinait déjà à rouler tout seul. Il avait emprunté le vélo de course de Stéphanie, avec des pédales à sangles. Heureusement, on a commencé par une montée, un col de 11 bornes.

Pendant l'ascension, tout avait l'air de bien se dérouler. Arrivé en haut, Steven nous annonçait pourtant qu'il était mort. On lui a dit d'attendre un peu, qu'il allait se refaire la cerise dans la descente vers Lamastre, que ça irait. La descente a commencé et je crois que là, j'ai compris la signification du mot « peur ». Mon Steven était parti tambour battant, à zigzaguer, des vélos partout, des trajectoires hasardeuses, on l'a rattrapé pour lui dire de ralentir un peu parce que ça allait mal finir. En bas, c'était la fête à Lamastre, tout avait été incroyablement décoré par les bénévoles du village. On s'est arrêtés dans un bistrot pour boire un coup. Au moment de repartir, je revois Steven, toujours avec son immense sourire, nous dire : « Les gars, ça va être dur, la journée va être longue. » On est reparti tant bien que mal vers le petit village de Désaignes. Là-bas, un ravitaillement était prévu. On s'était dit qu'on lui ferait manger un truc. Mais non, c'était trop. Steven nous a dit : « J'arrête, je rentre, je ne peux plus. » On avait validé. Il rentrerait pendant que nous, on continuerait de notre côté.

On avait ainsi parcouru cinq ou six kilomètres dans la vallée du Doux lorsque l'on a entendu un écho dans les montagnes : « Attendez-moi, attendez-moi ! » Steven. Steven qui avait décidé de repartir. La route serpentait jusqu'à Labatie-d'Andaure, où un gros casse-croûte nous attendait. Là, sur le banc du ravitaillement, Steven s'est allongé au milieu de la foule et s'est endormi. Complètement cuit. On l'a réveillé. On a refait deux kilomètres. Et tout à coup, Steven s'est mis à gonfler, piqué par une abeille. En pleine campagne. On a appelé Cathy, la femme de mon pote Thierry, pour qu'elle monte le chercher. Steven a donc terminé L'Ardéchoise dans une voiture.

On est arrivés avec les copains trois ou quatre heures plus tard à la maison. Stéphanie nous a débriefé l'arrivée de Steven. Il s'était fait couler un bain dans lequel il était resté deux ou trois heures. Il s'était évidemment endormi dedans, épuisé. Et depuis une heure, il était dans le salon avec les enfants en train de jouer à Just Dance sur la Playstation, ce jeu de chorégraphie. Les gamins explosés de rire avec lui. Il venait de vivre la pire et la plus belle journée de sa vie. Des souvenirs impérissables.

Le jour de son départ, Stéphanie est allée faire la chambre. Et en ouvrant un placard, elle est tombée sur des cadeaux pour tout le monde. Il était allé chez Zara acheter des fringues pour les filles, plein de choses, tout était à la bonne taille. Gaspard, lui, avait eu droit à un maillot de foot. On a été tellement touchés. Il était heureux de venir chez nous, et nous de l'accueillir. Je l'ai donc suivi ainsi pendant 4 ans, jusqu'à ce qu'il parte à Toulouse et qu'on cesse la collaboration car j'avais moins de disponibilités. Il joue désormais en MLS. On s'envoie toujours des messages de temps en temps, notamment quand L'Ardéchoise pointe le bout de son nez au calendrier. Il est devenu international cap-verdien, il a joué la Coupe d'Afrique des Nations, il est bon, il s'est étoffé physiquement, il fait son chemin et c'est une vraie fierté pour moi que d'avoir croisé sa route. Il revient bien sûr quand il veut à Lamastre.

Tant que j'y suis, je vous raconte une autre petite histoire, toujours liée à L'Ardéchoise : Lionel Carole. Je l'avais connu à Galatasaray, par l'intermédiaire de Bafé Gomis. Un type charmant, ouvert. Il était en stand-by à Istanbul, attendait de savoir s'il continuerait là-bas ou pas. Il voulait travailler dur. Ce qu'on a fait jusqu'à ce qu'il parte pour Séville quelques semaines plus tard. À peine arrivé, il apprenait qu'il ne jouerait pas la coupe d'Europe. Bien que participant à quelques matches jusqu'à Noël, il sera petit à petit écarté du groupe. Il estimait donc avoir besoin de mes services et, compte tenu de sa personnalité, il était hors de question de le lâcher dans cette période difficile. J'y allais toutes les trois semaines. L'été suivant, il est venu à son tour à Lamastre, et pour lui aussi, L'Ardéchoise tombait à ce moment-là.

Comme pour Steven, je lui avais proposé d'y participer avec les copains dans le prolongement du stage. Et là, il nous a épatés : il a avalé les 80 kilomètres, les 1 600 mètres de dénivelé, sans s'endormir, sans dire qu'il arrêtait pour finalement revenir. Impressionnant. Tout au mental. Le lendemain, on est même remontés sur le vélo. Je pensais qu'on déroulerait tranquille jusqu'à Nozières, mais non… Je n'ai jamais monté ce petit col aussi vite qu'avec lui.

Lionel signera ensuite à Strasbourg où j'ai poursuivi le travail à ses côtés, une autre belle ville que j'ai pu découvrir grâce à lui. Toujours très sérieux. On s'est quitté quand il a rejoint la Turquie, mais on reste en contact régulier.

Voilà pour la petite histoire. Ils ne sont pas nombreux à s'être frottés à cette course cycliste mythique par chez nous. Mais ils s'en souviennent tous. Et nous aussi.

La bio de Steven Moreira

29 ans. Né le 13 août 1994 à Noisy-le-Grand (FRA). 1,80 mètre, 72 kilos. Défenseur.

International cap-verdien : 5 sélections depuis 2023.

Parcours : Stade Rennais (2013-2016), Lorient (2016-2018), Toulouse (2018-2021), Columbus Crew (MLS, 2021-aujourd'hui).

Palmarès : finaliste de l'Euro -19 ans 2013 (France), finaliste de la Coupe de France 2014 (Rennes), vainqueur de la Campeones Cup en 2021 (Columbus Crew).

La bio de Lionel Carole

33 ans. Né le 12 avril 1991 à Montreuil (FRA). 1,82 mètre, 79 kilos. Défenseur.

Parcours : Nantes (2010-jan. 2011), Benfica (POR, jan. 2011-2011), Sedan (2011-2012), Benfica (POR, 2012-2013), Troyes (2013-2015), Galatasaray (GRE, 2015-2017), Séville (2017-2018), Strasbourg (2018-2021), Kayserispor (TUR, 2021-2024).

Palmarès : finaliste de l'Euro -19 ans 2013 (France), finaliste de la Coupe de France 2014 (Rennes), vainqueur de la Campeones Cup en 2021 (Columbus Crew).

NICOLAS BATUM, LEVALLOIS ET LE STAPLES CENTER

2017. Je suis au ski avec ma famille et des amis. On part chaque année au mois d'avril pour économiser un maximum. On est dix dans un appartement qu'on loue 350 euros aux Orres 1800. La neige est confinée dans une espèce de couloir balisé, il n'y en a quasiment pas, mais ça nous éclate.

Je reçois un appel de Serge Costa, ancien stagiaire de ma formation qui s'est spécialisé dans l'individualisation du travail technico-tactique grâce à l'analyse vidéo. Il travaille désormais au Havre avec Luka Elsner. Il me demande si le basket-ball m'intéresse, me dit qu'il connaît très bien Bouna Ndiaye, le célèbre agent des plus grands basketteurs français qui veille notamment sur Victor Wembanyama, et qu'il peut organiser une rencontre.

Deux mois plus tard, je fais la connaissance de Bouna Ndiaye au Novotel de Lyon, où il était de passage.

Grand, costaud, qui mettait un pied dans le football. J'ai l'impression de rencontrer un alter ego. Deux heures de discussions passionnantes. Son approche me séduit. Il habite aux États-Unis. Pour lui, l'individualisation est une évidence, chaque joueur doit avoir son propre staff et savoir ce qu'il veut mettre en place.

En mai 2018, soit plusieurs mois plus tard, il me rappelle pour me dire qu'il a besoin d'un préparateur physique pour la présaison de Nicolas Batum qui jouait en NBA aux Charlotte Hornets. Six semaines. À Paris.

J'ai mis tout mon calendrier à plat. J'ai demandé à David mon salarié de s'occuper des joueurs de football en juin pour me libérer six semaines. Certains devaient venir à Lamastre. Stéphanie, ma femme, s'en occuperait donc seule une fois mon salarié parti. Et ça irait très bien comme ça. Le soir même je rappelais Bouna pour lui dire que tout était calé, que je serais là. La question du contrat n'avait pas été abordée. Les frais, l'hébergement, la nourriture, le transport, les séances, j'évalue le tout à 20 000 euros les six semaines. Il négocie, me dit que c'est trop, que ce n'est pas possible. Je ne voulais pas louper l'occasion. Je gratte, je tire sur les prix, je lui dis de donner ce qu'il peut. Et on tombe d'accord sur 15 000 euros.

Il me donne rendez-vous dans une salle de sport du type Basic Fit. Je demande s'il n'y a pas plutôt une vraie salle de basket, je lui explique que j'ai tout mon matériel,

Ma rencontre avec Thierry Henry à Arsenal, le moment et la photo qui ont lancé ma carrière...

Sur le terrain de mon village de Lamastre avec Demba Ba et les copains.

Moment mémorable au départ de la célèbre cyclo L'Ardéchoise avec un certain Steven Moreira (à ma gauche).

Anthony Mounier est devenu, au fil des années, un ami proche.

Quelques semaines de travail sur le parquet de la salle de Levallois avec Nicolas Batum.

Avec Bafetimbi Gomis en plein effort en Arabie saoudite.

Exercices classiques sur une échelle au sol avec Sadio Mané.

Hatem Ben Arfa en pleine séance de gainage sur le balcon de son appartement à Lyon.

Arnaud Démare est sans doute l'un de ceux qui connaît le mieux son corps et sait le travailler.

ÉQUIPE TYPE JOUEURS ENTRAÎNÉS

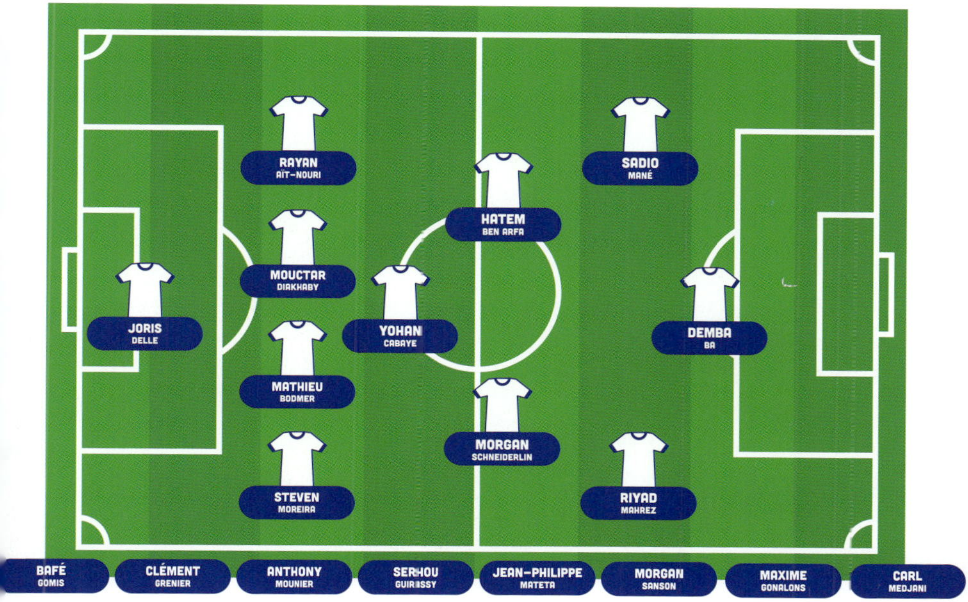

ÉQUIPE TYPE FABIEN RICHARD

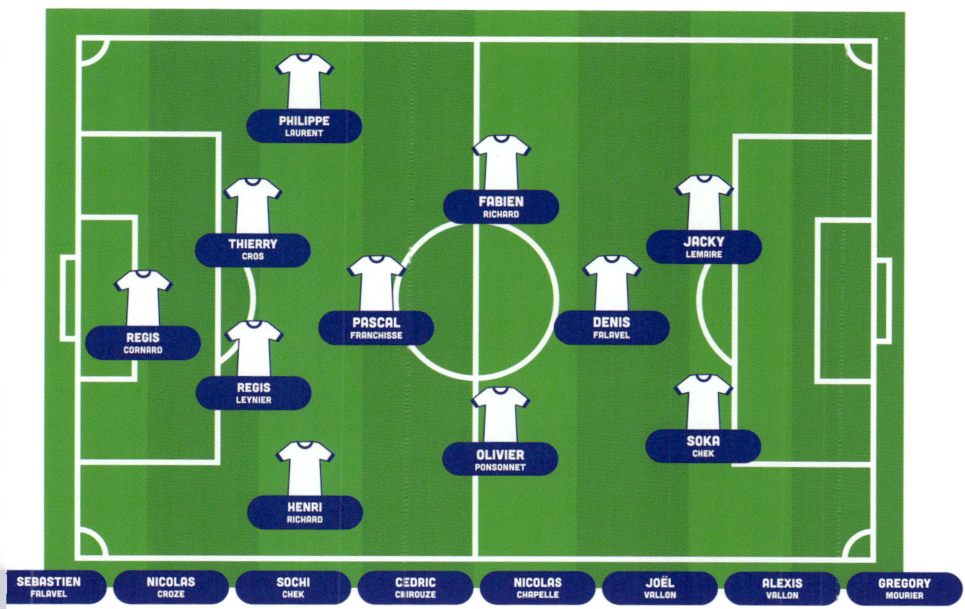

MES DE

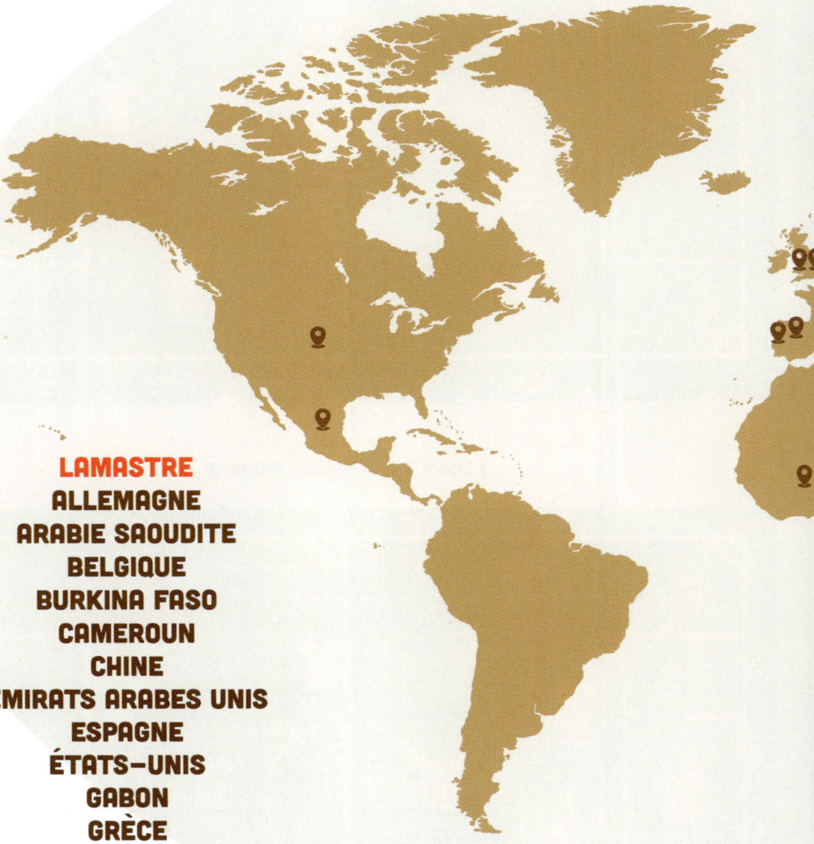

LAMASTRE
ALLEMAGNE
ARABIE SAOUDITE
BELGIQUE
BURKINA FASO
CAMEROUN
CHINE
ÉMIRATS ARABES UNIS
ESPAGNE
ÉTATS-UNIS
GABON
GRÈCE
ITALIE
LUXEMBOURG
MEXIQUE
QATAR
PAYS-BAS
PAYS DE GALLES
PORTUGAL
SUISSE
TURQUIE

ATIONS

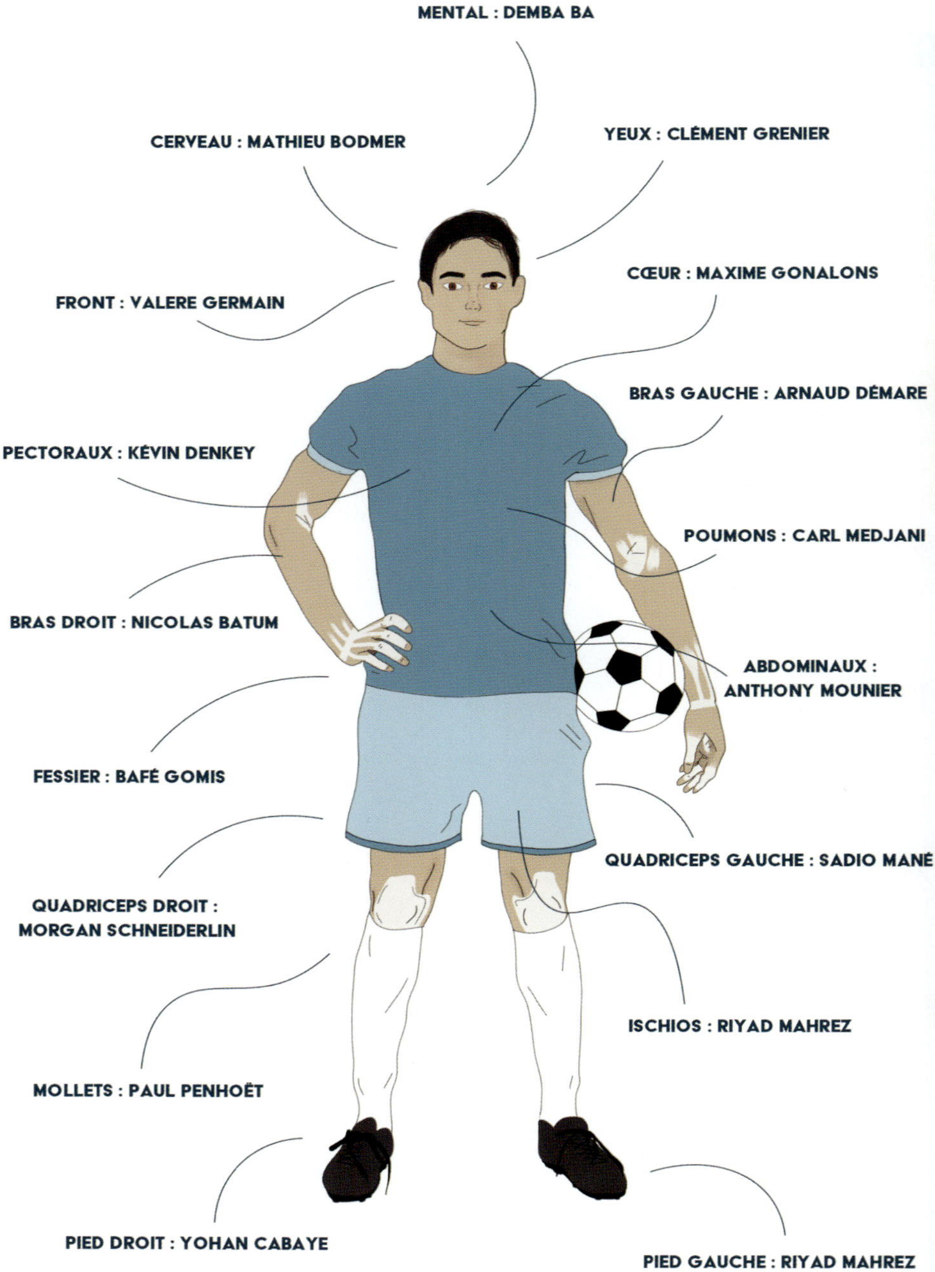

MON JOUEUR IDÉAL

Avec Riyad Mahrez en fin de séance d'entraînement.

Expérience inoubliable de mes interventions pour la Fifa au Burkina Faso.

Les U18 féminines de Lamastre : l'une de mes plus belles fiertés.

Au Cameroun, en habits traditionnels avant de rentrer en Ardèche.

La famille Richard au complet devant les pyramides de Chichén Itzá, au Mexique.

Au Staples Center de Los Angeles à l'invitation de Nicolas Batum pour un match de NBA.

Le beau cadeau de Miralem Pjanić qui nous a invités à Turin pour un match de la Juventus.

le Citroën Berlingo est plein à craquer, j'y mets tout ce que j'ai dans la cave pour ne manquer de rien. Il me fixe finalement une date à Levallois, dans la salle de basket. J'arrive donc là-bas, je décharge le matériel. Jérémy Medjana, l'autre agent qui travaille avec Bouna, m'accueille et me dit que Nicolas ne sera pas là aujourd'hui. Je me dis que ça part mal. Je fais la connaissance de Benoît Gomis, l'assistant coach de Nicolas et d'autres joueurs.

Le lendemain, alors que je prépare le matériel dans la grande salle de Levallois, je fais la rencontre de Joseph Gomis, ancien international français qui est, lui, l'entraîneur technique de Nicolas. Je n'en reviens pas. Ça fait du monde autour du garçon, là on peut parler d'individualisation. Benoît est là aussi et c'est le début d'une collaboration de six semaines en compagnie de ces gens fantastiques avec qui je parle le même langage.

Arrive Nicolas. Grand mec, sympa, qui s'excuse pour la veille, un problème d'avion en provenance des États-Unis. Je mets en route la séance. Une grosse partie cardio. Je vois qu'il est en léger surpoids, mais rien d'alarmant. Je demande à Joseph s'il peut filmer tous les points forts de Nicolas pendant trois ou quatre séances : ses séquences quand il se retourne et tire, son shoot extérieur, etc. Tout se passe bien. C'est dur pour lui, je le sens, c'est différent de ce qu'il fait d'habitude, mais il ne rechigne pas. Barres, box, cardio, force. Il m'arrive parfois de demander à Joseph et Benoît de s'asseoir dans un charriot à l'intérieur duquel on entasse habituellement des ballons. J'y mets des élastiques, Nicolas doit les pousser et moi je tire dans l'autre sens. Je n'ose imaginer la réaction d'un mec qui entrerait là sans savoir ce qui s'y passe. Il nous aurait pris pour des malades mentaux ! Après nos cinquante minutes, Joseph et Benoît enchaînent avec lui des séances de basket pur. C'est passionnant, riche. Nicolas est vif intellectuellement, il comprend tout, ça va vite, on parle assez rapidement de football car il est très connaisseur.

C'est d'ailleurs, je peux vous le dire, une des rares fois où j'ai regretté de ne pas travailler au sein d'un staff tellement les connexions étaient enrichissantes. La relation reste néanmoins purement professionnelle, même au bout de six semaines intensives. Avec des footeux, je pense qu'on serait allés déjeuner ensemble, qu'on se serait accordé quelques moments comme ça. Pas là. Mais peu importe.

J'apprends donc à apprécier le bonhomme et son staff. C'est un travailleur énorme, bien plus que les footballeurs. Je comprends pourquoi il joue en NBA. Je sens que s'il perd un peu de poids et qu'on pousse un peu, ça peut retourner au cercle, il n'avait pas dunké depuis longtemps. On sort parfois de la salle. Je trouve des pentes dans Paris, on varie. Une fois, on s'entraîne à Villeurbanne, une autre à Lyon. J'aurais adoré le voir dans les marches de Macheville, mais on n'a pas pu.

C'est donc passionnant à tout point de vue. Sur le parquet de Levallois, plusieurs internationaux en pause se retrouvent.

Petite parenthèse. J'avais déjà eu une brève expérience dans le milieu du basket-ball, en 2014. À Lamastre, on avait accueilli l'équipe de Saint-Vallier Basket Drôme, qui évoluait en Pro B. Cette équipe était entraînée par Laurent Pluvy, ancien international que je connaissais depuis mes années étudiantes à Lyon car j'allais le voir jouer à l'Asvel. Alors qu'il était devenu entraîneur, je lui avais donc proposé d'organiser un stage de présaison à Lamastre pour son équipe.

Il a accepté. Je rigole à l'idée de vous raconter. Imaginez le petit village ardéchois voir débarquer quinze joueurs de basket. On les logeait dans l'internat du collège privé de Macheville, en haut des marches, qui n'avait rien à envier à celui du film Les Choristes, par chambres de trois ou quatre, un vieux plancher, des lits pour enfants. Ils avaient un Américain qui débarquait tout juste de Miami. Imaginez sa tête. Le cataclysme. Le maire de la commune, Jean-Paul Vallon, avait accepté d'ouvrir le gymnase, habituellement fermé en août. Les joueurs prenaient les paniers en photo pour envoyer à leurs potes tant ils n'avaient plus vu cela depuis des années. Welcome !

Trois jours plus tard, après un énorme travail de préparation physique, ils étaient comme des dingues.

L'Américain me disait : « Wahouu, that's NBA, man », heureux comme tout du boulot effectué. Et puis cela avait renforcé les liens du groupe, cette escapade à la campagne. Ils allaient manger en face, chez mon ami Éric Rochedieu, qui tenait le restaurant Chez Germaine, une cuisine traditionnelle. Ils avaient tous créé des liens et on s'était régalés.

Tout ça pour vous dire, donc, que sur le parquet de Levallois, plusieurs internationaux en pause se retrouvent avec chacun leurs coaches personnels. Je croise des mecs d'une simplicité folle, des Andrew Albicy, des Mickaël Gelabale. Et je découvre, donc, que comme les cyclistes, ils se sont chacun construit des staffs. C'est intelligent, indispensable à mes yeux, surtout quand les pauses sont longues comme pour eux en NBA.

Ça s'est terminé six semaines plus tard, donc. Stéphanie était venue passer ces derniers jours à Paris avec moi. On a rechargé le Berlingo. Là, devant la salle, il tombe en panne, impossible de le redémarrer. On bloque toute la circulation, nous les deux Ardéchois. Par réflexe, ne me demandez pas pourquoi, j'appelle mon garagiste de Lamastre, Frédéric Ranc, au lieu d'aller voir celui d'à côté, et je lui demande ce qui se passe vu qu'il est le seul au monde à connaître ma voiture par cœur – je sais c'est idiot. Il me dit qu'il n'y a qu'une seule chose à faire, pousser et surtout ne plus s'arrêter quand elle aura redémarré. Passent dix joueurs physiquement monstrueux devant nous, à pied.

Je les appelle. Et nous voilà, les deux petits Ardéchois à Levallois, dans leur voiture en panne, poussés par des basketteurs. On ne s'est pas arrêtés, on les a salués par la fenêtre. Une scène des Bronzés. Bye bye, la compagnie.

Je ne vous ai pas tout dit. Cela ne s'est pas tout à fait terminé de cette manière avec Nicolas Batum. Quelques mois plus tard, on a décidé de faire la côte Est des États-Unis en famille, Stéphanie et les enfants. J'avais évidemment vu que Nicolas jouait avec son club des Charlotte Hornets au Staples Center, la salle des Lakers. J'ai donc pris des places pour tout le monde et on allait se régaler. Par politesse, j'ai laissé un message la veille à Nicolas pour lui dire qu'on était dans le coin et qu'on allait l'encourager de toutes nos forces, pour lui souhaiter bonne chance pour le match. Il m'a répondu tout de suite pour m'indiquer qu'il nous laisserait des bracelets à l'entrée. On ne savait pas ce dont il s'agissait.

Le match était dingue, plus que l'ambiance. Le seul moment de folie, c'est quand Jennifer Lopez a quitté les gradins quatre minutes avant la fin du match. Nicolas a marqué une dizaine de points. On s'apprêtait à partir quand on s'est souvenus des bracelets. On les a montrés à un gars qui nous a dit « come with me, come ». On l'a suivi. Et là, il nous a conduits directement… sur le parquet. On s'est retrouvé là, la famille Richard de Lamastre, sur le parquet mythique du Staple Center des Los Angeles Lakers, au beau milieu des familles et des proches des joueurs. C'est-à-dire là où jamais on n'aurait dû se retrouver. J'appelle ça le destin. Hallucination totale. Nicolas nous a rejoints, nous a accueillis très chaleureusement avec sa femme et ses enfants. C'est dans ce magnifique lieu que nous avons échangé nos tout derniers mots. Quel souvenir. Gravé à jamais.

La bio de Nicolas Batum

35 ans. Né le 14 décembre 1988 à Lisieux (FRA). 2,02 mètres, 91 kilos. Ailier.

International français : 166 sélections depuis 2009, 1 709 points.

Parcours : Le Mans (2005-2008), Portland Trail Blazers (EU, 2008-2011), Nancy (2011-2012), Portland Trail Blazers (EU, 2011-2015), Charlotte Hornets (2015-2010), Los Angeles Clippers (2020-2023).

Palmarès : champion d'Europe 2013 (France), champion de France 2006 (Le Mans), finaliste du Championnat d'Europe e011 (France), vice-champion olympique 2020 (France), 3e du Championnat du monde 2014, 2019 (France), 3e du Championnat d'Europe 2015 (France)..

ARNAUD DÉMARE, L'ATHLÈTE DE HAUT NIVEAU RÊVÉ

Le cyclisme est une histoire d'amour. Ce sport m'a toujours passionné. L'Ardèche est pour moi la terre de vélo par excellence. Il n'y a pas de voiture, un terrain de jeu merveilleux, des paysages magnifiques et beaucoup de dénivelé. Je pratique assidument depuis quelques années avec mes copains du foot. À la fin de nos carrières de modestes amateurs, qui ont duré trente-cinq ans, nos vieux corps ne nous permettaient plus de jouer sans être fracassés le lendemain. On avait donc décidé de se mettre au vélo, sport autoporté, moins traumatisant, idéal à nos âges. J'en avais déjà fait, notamment à 15 ans, quand je préparais le triathlon de Lamastre, mon village. C'est d'ailleurs cette discipline qui m'avait donné envie d'exercer un jour mon métier. Ça nous fait beaucoup de bien avec les copains.

En juillet 2017, toujours avec eux, je suis allé voir le Tour de France passer près de chez nous. L'un d'entre eux, Thierry, m'avait dit : « Tu t'occupes de pas mal de footballeurs, mais pourquoi tu n'essaierais pas avec des cyclistes ? » Je reconnais que ça ne m'avait jamais traversé l'esprit. Je n'avais aucun contact, aucun réseau dans ce milieu. Le Tour de France est donc passé devant nous, et au sein du peloton, un mec qui habitait à 60 kilomètres de chez nous : Pierre Latour, qui courait alors chez Ag2r La Mondiale.

Pendant quelques semaines, j'ai réfléchi à ce que je pouvais éventuellement apporter à ces sportifs, quel pourrait être mon rôle dans ce genre d'aventure. J'ai lu, j'ai étudié, j'ai observé. J'ai rapidement priorisé le paramètre « force », en y ajoutant, en fonction des profils de chacun, de l'explosivité pour certains, de l'endurance à haute intensité pour d'autres. J'ai aussi ciblé le travail du premier tiers avant du pied, primordial à mes yeux.

Et je me suis lancé. Ou plutôt : j'ai lancé une bouteille à la mer. J'ai envoyé un message via Instagram à Pierre Latour, dans lequel j'ai présenté mon travail et mes références. Il m'a répondu très vite, à mon plus grand étonnement : « Je suis intéressé, est-ce qu'on peut se rencontrer ? »

Je me suis donc rendu à Romans-sur-Isère, dans mon Berlingo magique qui parcourt le monde, avec un peu de matériel à l'arrière comme des barres à soulever ou des boxes en mousse sur lesquelles il faut sauter. Rendez-vous était pris au Vélo Sprint Romanais Péageois, son club de toujours. On s'est rencontré dans une vieille salle. On a discuté. Pierre était très enthousiaste, j'ai découvert ce jeune homme un peu fou dans le bon sens du terme, un gamin, une énergie, et il m'a dit « allez hop, on y va, on commence ».

On a bossé ce premier tiers avant du pied, voire la moitié du pied. C'est là que les mecs concentrent leur force. Puis toute la chaîne postérieure, antérieure, le haut du corps. Et, à force, je me suis aperçu qu'il avait besoin d'un gros travail de gainage, bref, d'une préparation totale pour terminer. Avec Pierre, j'ai découvert un corps pas très musclé en haut, logique, mais de vraies cuisses, logique aussi. Des manques, forcément.

On a balancé des séances dingues. À compter de 2017, Pierre venait chaque année en séance de présaison à la maison, faire des exercices dans les marches de Macheville (les fameuses dont je vous ai déjà parlé avec pas mal de footballeurs), de la pliométrie, du travail excentrique. Sur ce dernier point, l'idée est de pratiquer avec des charges plus lourdes que ce que l'individu est capable de porter. Cela implique de freiner la descente. Ce que je fais en toute sécurité avec une machine, la Kbox.

On ne s'est plus quitté avec Pierre. On planifie chaque année de gros blocs de travail en novembre, décembre et janvier, deux ou trois séances par semaine selon ses stages, puis, tout au long de ses saisons, on fait des rappels de force que je lui envoie pour qu'il les répète chez lui avant les grosses échéances.

Au fil des mois, avec Pierre, puis des années avec les autres cyclistes (je vous raconte un peu plus loin comment j'ai été amené à être en contact avec d'autres cyclistes), je me suis rendu compte de l'implication incroyable de ces garçons. Contrairement aux footeux, qui sont pris en charge de A jusqu'à plus que Z, les cyclistes sont complètement livrés à eux-mêmes, ce qui peut expliquer parfois, d'ailleurs, certaines dérives. Je découvre leur solitude, leurs stages personnels, leur agenda, leur courage dès lors qu'il s'agit d'aller rouler quatre ou cinq heures sous la pluie en plein hiver, leur autonomie, les risques qu'ils prennent, leurs charges de travail. Elles sont très conséquentes si on les compare à celles des footballeurs. En parlant des risques… Vous vous souvenez de cette chute de Pierre lors du chrono à Marseille en 2017, la veille de l'arrivée du Tour ? Il s'était fracturé le bassin. Dans un cas pareil, 99,9 % de la population aurait terminé dans une ambulance. Pas lui. Il est remonté sur son vélo, a terminé le chrono, et pire, il a fait l'étape le lendemain, mettant un point d'honneur à boucler la Grande boucle. Quand je vous dis qu'il est fou… quelle force mentale !

Pierre était content de notre travail. En 2018, il remportait le maillot blanc du Tour de France, terminait 13e du classement général. Et puis, par manque de chance, il est beaucoup tombé. Il s'est pété environ 70 os du corps pendant trois ans. Invraisemblable. Et ça a ralenti son ascension. Je lui souhaite vraiment d'en gagner une belle un jour, il le mérite. Il est différent des autres. Capable de tout sur un coup de tête. De changer de coiffure, de couleur de cheveux, de se laisser pousser la moustache. C'est une crème. Lisez ses interviews. Il est cash. Combien de fois il a pu dire « j'ai fait de la merde », combien de fois il est sorti des traditionnels éléments de langage. Il n'est pas media-training compatible, Pierre. Il est lui-même. Comme quand il nomme « Michel Bois » un certain Mickaël Woods qui vient de gagner juste devant lui l'étape du Puy-de-Dôme sur le Tour de France en 2023. Qu'est-ce qu'il est drôle. Il me fait penser parfois à Thibaut Pinot. J'aime les gens singuliers.

Un jour, alors que je venais de subir un infarctus, que j'étais dans ma chambre de réanimation à Valence, j'ai vu entrer dans ma chambre une jeune femme avec un masque et j'ai entendu cette petite voix : « Bonjour, monsieur, je travaille à l'hôpital, je suis la sœur de Pierre. Il m'a dit de passer vous voir. » C'est Pierrot, ça.

Pierre est quelqu'un de généreux. En 2021, il avait pris sous son aile un jeune coureur amateur de Tournon-sur-Rhône : Sandy Dujardin, qu'il a fait entrer au Vendé U avant qu'il ne passe pro chez Total Direct Energie.

Il m'avait demandé si je pouvais m'en occuper. J'avais accepté, bien entendu. Sandy était un peu livré à lui-même, parcours atypique. On a fait des séances communes, des séances géniales, ludiques. Le gamin a amené sa fraîcheur, sa joie, et surtout sa soif d'y arriver. Il a un mental d'acier. Vivement qu'on puisse le voir sur le Tour de France. J'aurais en tout cas toujours une place pour eux dans les années à venir.

Un beau jour, alors que je me rends chez mon marchand de cycles préféré, Vélodis à Tournon-sur-Rhône, le patron Sébastien Fay me dit que quelqu'un souhaite me rencontrer. Un certain Sébastien Joly. Je me souvenais de l'ancien coureur chez Crédit Agricole, je le savais directeur sportif dans l'équipe La Française des Jeux de Marc Madiot. La prise de contact est rapide. Il me téléphone. Je lui propose de venir à la maison pour discuter.

Rapidement, Sébastien a parlé de mon travail à Julien Pinot, entraîneur de l'équipe. Qui m'appelle à son tour. On échange pendant près d'une heure, je lui parle de mon travail. Et il finit par me dire : « On cherche un préparateur physique pour Arnaud Démare. On a déjà quelqu'un, mais on étudie plusieurs pistes. Est-ce que vous pouvez m'envoyer votre CV ? » Vous me connaissez un peu, désormais : je n'avais jamais réalisé de CV de mon existence. Je me retrouve alors à écrire ma vie sur une page blanche et je retrouve, malgré tout, un vieux curriculum que j'avais préparé en anglais quinze ans plus tôt pour je ne sais quelle raison. Je lui envoie le tout.

Deux jours plus tard, Julien me rappelle. Il avait fait passer mes documents à Fred Grappe, le responsable de la performance chez Groupama-FDJ, qui avait validé mon profil. Il m'a fallu alors cheminer pour imaginer et proposer une condition tarifaire, différente, vous vous en doutez, de celle des footballeurs. On est tombés d'accord. Un an plus tard, Arnaud de lui-même revalorisera d'ailleurs la somme, estimant que je méritais plus.

Voilà comment je me suis retrouvé embarqué dans une aventure supplémentaire aux côtés d'Arnaud Démare. Et quelle aventure.

Les premiers appels avec Arnaud se passent très bien. Je lui propose, avant de monter chez lui en Picardie, de passer par Lamastre pour les premières séances. Il débarque ainsi avec Julien Pinot dans notre forêt ardéchoise, en pleine verdure, le calme absolu, la grande terrasse en bois. Ils sortent de la voiture. Échanges polis, avez-vous fait bonne route, ça a dû être un peu long ? Et Arnaud me dit : « Non, non, on a dormi hier soir à 30 kilomètres d'ici, dans un hôtel à Tournon-sur-Rhône, pour être en pleine forme ce matin. » J'ai tout de suite compris à qui j'avais affaire. On changeait de niveau.

Arnaud descend donc de la voiture et je le sens étonné. Il m'avouera un peu plus tard qu'il ne s'attendait pas du tout à cet environnement. Il avait imaginé un centre d'entraînement high-tech, une séance durant laquelle l'un de mes nombreux préparateurs physiques s'occuperait de lui, et moi qui passerais une fois la tête par la porte vitrée pour demander si tout se déroulait bien. Je rigole en vous écrivant ça, parce que, forcément, on était à mille lieues de tout ça. Julien et Arnaud se sont retrouvés au milieu d'une famille avec trois enfants et entourés d'arbres.

Le travail entrepris avec Arnaud serait forcément différent de mes expériences avec Pierre et Sandy, parce que son profil était différent : c'est un sprinteur, l'un des meilleurs du monde. On n'était donc plus sur les mêmes filières musculaires, physiologiques, ni sur les mêmes forces. J'ai longuement réfléchi avant que l'on attaque notre programme. On était en 2019.

Le défi, c'était : comment faire pour que ce mec produise encore plus de watts que ce qu'il faisait déjà, pour qu'il gagne en puissance tout en ne prenant pas de poids, sur des efforts max qui duraient dix secondes. Comment fait-on progresser un joueur à qui on demande d'être explosif, de monter à 1 500 watts pendant cinq secondes après avoir parcouru 200 kilomètres en s'économisant le plus possible, en se cachant ? Imaginez les nœuds au cerveau que peuvent se faire des gens comme Julien Pinot ou Fred Grappe ! J'ai adoré ça. J'ai adoré ça parce que Julien est toujours dans l'échange, en quête d'idées, de solutions, de nouvelles expériences. Il fait, il crée. Il est, à mes yeux, le meilleur entraîneur français. Dans cette équipe, on réfléchit beaucoup, on se remet en question, on innove, on tente. Anthony Bouillot est aussi dans cette dynamique, je le constate dans mon travail récent avec un autre sprinteur, Paul Penhoët, très talentueux, mature et bosseur lui aussi, qui a l'âge de ma fille. En parlant de Paul : lors de notre deuxième année de collaboration, je lui avais proposé de venir chez lui plutôt que de lui imposer trois jours à Lamastre avec des « vieux ». Quelle surprise lorsqu'il m'a répondu que non, qu'il préférait venir ici parce que Stéphanie, ma femme, faisait remarquablement à manger et que ce stage était comme un marqueur pour lui, le début du travail de préparation. J'adore ce gamin. Il s'est durement blessé en décembre dernier, mais, comme pour Sandy et Pierre, je serai toujours là pour lui.

Bref. Après vingt années de pratique, je savais comment faire travailler les joueurs de foot, je le dis sans aucune prétention. Là, l'équation était autrement plus complexe, nouvelle et enthousiasmante.

La première séance se passe très durement pour Arnaud, malgré le fait qu'il avait toujours entrepris un travail de préparation physique générale. J'avais mis la barre assez haute. S'il en sort un peu explosé, je découvre en revanche un mec d'une précision chirurgicale, un garçon doué d'une connaissance de son corps sans égale.

Me reviennent en mémoire ses petits messages qu'il m'envoie souvent le lendemain de nos séances, où il associe des sensations à tel ou tel muscle, à telle zone du corps que personne ne connaît à part les gens qui ont fait des études poussées dans ce domaine. J'avoue que la première fois que j'ai reçu ce genre de message, j'étais catastrophé. Je pensais qu'il avait mal partout, qu'on était allés beaucoup trop loin, trop fort. En fait, il avait mal comme tout sportif de haut niveau qui travaille dur, mais lui était simplement capable de tout décrire, de tout détailler, ce qui donnait un rendu clinique long comme le bras et un peu effrayant !

J'apprends ainsi qu'Arnaud est quelqu'un de très précis, de très pointu. Ce qui explique ses performances depuis tant d'années. Il n'y a pas de mystère. Il se connaît par cœur, il est tellement investi sur lui-même. Je ne sais pas ce qu'il fera après sa carrière, mais s'il pouvait ne pas négliger la transmission d'expérience, ce serait formidable pour les jeunes coureurs. Sur l'aspect tactique et course aussi, ce serait bien. J'ai le souvenir d'un repas en famille à la maison où il nous avait raconté, mètre après mètre, un sprint. Les enfants étaient bouche bée. Ma femme captivée. Je suis assez fou des documentaires sportifs comme Intérieur Sport sur Canal+. On le vivait en direct. Il atteignait un niveau de détail impressionnant. C'était passionnant. J'espère qu'il transmettra tout ça.

Le feeling passe tout de suite entre nous. C'est un homme de la terre, un Picard. Il prend autant de plaisir à parler de ses courgettes que de vélo. Julien est resté le premier jour puis est parti. Arnaud dort alors dans le petit appartement que l'on a fait construire dans une partie indépendante de la maison. On prend le petit-déjeuner en famille, on travaille, on déjeune tous ensemble avec ma femme et les enfants, puis, l'après-midi, il déroule son programme, il dort un peu, part rouler quelques heures, fait sa vie.

Ces trois premiers jours sont fantastiques. Au moment où je dépose Arnaud à la gare, je me dis que je vais peut-être vivre avec lui LA relation. LA relation que je fantasme avec un sportif : beaucoup de travail, un échange continu, de l'assiduité, de la précision, de la pertinence, une progression et des résultats. Je lui programme ainsi deux stages dans l'année et des envois de séances très réguliers en fonction de ses besoins.

Cela dure depuis plusieurs années maintenant, et c'est toujours le même ravissement. À présent, c'est moi qui monte en Picardie le plus souvent.

Arnaud bénéficie d'un environnement familial extraordinaire. C'est son équipe. Sa femme, Morgane, est tournée vers la performance de son mari, organise leur vie, l'écoute, l'épaule. Je lui ai souvent dit qu'il était un meuble avec plein de tiroirs. Il en ouvre un, c'est son préparateur physique. Un autre, c'est son entraîneur. Morgane, c'est 80 tiroirs à elle seule.

Son père, Josué, est incroyable. Il m'a fallu quatre ou cinq ans pour arrêter de le vouvoyer. Il est pourtant, comme Arnaud, d'une simplicité folle. On fait les séances d'entraînement chez lui, le matin, sous le préau. Josué enlève son camping-car qu'il stationne ici en temps normal. Il sort le matériel. Il fait même les séances avec nous depuis quelques mois. On déjeune ensemble le midi chez Arnaud. L'après-midi, comme à Lamastre, est consacré à sa sieste et à sa sortie vélo. Puis on recommence le lendemain.

Arnaud a une relation exceptionnelle avec son père. Josué, c'est son meilleur ami. Je crois d'ailleurs qu'Arnaud en avait parlé en ces termes dans son livre, Une année dans ma roue. Ils se disent tout. Ils se chambrent beaucoup. J'ai rarement senti un tel amour entre un fils, un sportif de haut niveau, et ses parents.

Si j'ai découvert tout ça en quelques séances, j'en ai aussi appris un peu plus sur la personnalité du bonhomme. Il s'intéresse à la vie des autres, il questionne. Il ne pense pas qu'à sa gueule. Il est attentif. Il se souvient de ce que vous lui dites. Je vous le réécris, et ce n'est pas pour lui faire plaisir : c'est LE sportif de haut niveau. Il ne pense qu'à gagner. Tout est tourné vers la performance dans son quotidien. Pas vers son nombril d'homme, non. Vers la gagne.

Je n'ai jamais vu ça. Terminer deuxième d'une course, ça ne l'intéresse pas. Quand il gagne, il se donne de nouveaux objectifs tout de suite. Il n'y a jamais avec Arnaud ce grand soufflé qui retombe après un succès, voire ce grand vide que vivent beaucoup de sportifs.

Je découvre aussi, ça va avec, un mec qui, quand il ne gagne pas, est inquiet. Et pourtant, on sait combien les cyclistes sont des sportifs qui gagnent peu d'épreuves. Pierre Latour ? Il cumule 99,9% de défaites par rapport au nombre de fois où il s'est aligné au départ d'une course. Sandy Dujardin, mais aussi Anthony Turgis, avec qui je travaille depuis peu, pareil. Arnaud gagne plus souvent, mais le pourcentage reste faible comparé à n'importe quel autre sport. Quel caractère il faut pour endurer cela, vous ne trouvez pas ?

Arnaud, c'est super important de le challenger pendant les séances, de lui dire : « Allez, si tu sautes 1,20 mètre sur les boxes, tu gagneras une étape du Tour de France. Si tu loupes ça, tu feras une saison pourrie, tu seras nul. » Récemment, avec Josué, il coinçait sur un saut. Et on le poussait : « Allez, Arnaud, allez, c'est une victoire au Giro qui se joue, là, maintenant. » Au moment où il a passé cette box, on a explosé avec Josué, comme s'il avait gagné la finale de la Coupe du monde de football.

Arnaud veut sans cesse comprendre ce que l'on fait. Il est curieux, toujours en quête d'amélioration. On a testé plein de choses ensemble au début, comme des séances où on combinait muscu et vélo. On a tenté de bosser avec un cintre lesté pour qu'il tire encore plus fort avec ses bras. On a essayé de rouler avec des élastiques. Tout n'a pas fonctionné, mais l'intention était là.

Arnaud aime, aussi, qu'on parle d'autre chose, comme je vous le disais. De poules. De potager. De tomates. De fraises. De sa maison. Il aime la nature, la simplicité des choses, les saisons. C'est un homme reconnaissant. Sa boîte de chocolat à Noël, qu'il fait faire, où chaque gourmandise a la forme d'un maillot cycliste couleur cyclamen. Ses cartes de remerciements. Ses maillots dédicacés. J'ai rarement vu cela, encore une fois. Il est aussi, à vie, l'athlète qui m'a remis en mouvement quelques mois après mon infarctus, qui m'a remis le cerveau en route. Je ne serai jamais assez reconnaissant pour cela.

La bio d'Arnaud Démare

32 ans. Né le 26 août 1991 à Beauvais (FRA). 1,81 mètre, 76 kilos. Sprinteur.

Carrière : FDJ-BigMat (2012), FDJ (2013-mars 2018), Groupama-FDJ (mars 2018-août 2023), Arkéa Samsic (août 2023-2023), Arkéa – B&B Hotels (2024-en cours).

Palmarès : 95 victoires chez les professionnels au 12 février 2024. Deux étapes du Tour de France : Vittel (2017), Pau (2018). Huit étapes du Tour d'Italie. Leader du classement par points du Tour d'Italie 2020 et 2022. Champion du monde sur route Espoirs 2011 ; champion de France sur route 2014, 2017 et 2020. Classiques : Vattenfall Cyclassics 2012, Milan-San Remo 2016, Paris-Tours 2021 et 2022.

THAUVIN, GERMAIN, SANSON… MES TROIS MARSEILLAIS

C'est l'une des rares fois dans ma carrière où trois joueurs avec qui je travaillais indépendamment ont convergé vers le même club : l'Olympique de Marseille.

Je commence par le premier : Florian Thauvin. Et contrairement à ce que vous allez imaginer, à savoir que c'est l'agent qui m'a appelé, c'est lui en personne qui me contacte alors qu'il vient de quitter Marseille après deux bonnes saisons pour Newcastle. On est en 2015. Il a récupéré mon nom, mon numéro, s'est renseigné auprès de Yohan Cabaye et d'autres.

L'appel se passe bien, il est très agréable, ouvert d'esprit, veut travailler plus que ce qu'il ne fait. Je monte en Angleterre, je connais bien la ville puisque je m'occupe à ce moment-là de Massadio Haïdara et de Papiss Cicé. Je rencontre alors un gamin de 22 ans très seul dans cette grande ville, qui ne parle pas anglais, dans une maison où il vit avec sa copine. Je dirais presque isolé, pas bien, gentil, la bise assez rapidement, mais terne. J'arrive en octobre et il sort de deux mois pas bons du tout dans une équipe qui tournait déjà très bien avant lui. Surtout, il a besoin de parler énormément, plus que les autres, plus que Carl Medjani (c'est dire). Un besoin irrépressible d'être aimé, comme une quête existentielle chez lui, qui le mènera tout au long de sa carrière.

Il a aussi besoin de s'améliorer. Physiquement, c'est moyen. On le fait chez lui, dans cette maison typiquement anglaise, trois jours par mois, plus les séances que je lui envoyais. On essaie de compenser un temps de jeu qui n'est pas optimal. En Angleterre, il se fait rentrer dedans. Je connais finalement peu de joueurs qui réussissent là-bas. Cabaye, Demba Ba, Morgan Schneiderlin, des mecs qui ont un truc en plus. Pour Morgan Sanson, Bafé Gomis, Flo Thauvin, Rémy Cabella, Massadio Haïdara, Mapou Yang-Mbiwa entre autres joueurs que j'ai pu accompagner, cela a été beaucoup plus dur.

Sachant cela, je lui ajoute pas mal de boulot à puissance maximale aérobie. Mais je comprends que l'idéal aurait été qu'il ait quelqu'un en permanence avec lui pour bosser encore plus que l'on ne faisait. Pourquoi je dis ça ? Parce qu'on passait parfois plus de temps à discuter qu'à travailler. Son ressenti, tout ce qui entoure le football, ses matches, l'entraîneur, il avait besoin de verbaliser.

Il s'est toujours posé tellement de questions, Flo. C'en était presque une fragilité, alors qu'il était un très bon joueur et un type agréable. Il arrivait souvent qu'il me laisse un message, tard, après un match où il n'avait pas été bon : « Fab, est-ce que tu peux venir demain ? » Et le lendemain matin, il me disait que non, il avait réfléchi.

Il progresse néanmoins. Et il ne lâche pas. Mais ça ne passe pas. Il part en janvier. Il retourne à Marseille, en prêt. Motivé, soulagé. Il monte en pression. Je le retrouve là-bas. On travaille chez lui. Il possède une petite maison au bord de la plage, une grande terrasse, la piscine en contrebas et la mer au bout. On travaille dans le sable, dans des marches d'escalier. Bafé Gomis l'a rejoint dans l'équipe. Bafé qui, un jour, m'avait d'ailleurs dit à propos de Flo : « J'aimerais bien l'avoir dans mon équipe parce qu'au moins, avec lui, j'aurais des bons centres. » Cette année-là, ça marche comme sur des roulettes, Bafé met ses 21 buts et Flo franchit les paliers, bien que toujours aussi cérébral, et se retrouve appelé en équipe de France par Didier Deschamps.

Vous connaissez la suite. Flo devient champion du monde, il a joué contre l'Argentine. C'est le Graal et le point de bascule dans sa trajectoire, vu de ma petite fenêtre. Il atteint là l'objectif ultime. Il a un besoin de décompression total. Il se blesse gravement à la cheville, fait tout pour revenir, bien sûr, mais je l'avais trouvé changé. Comme s'il avait vécu une déprime post-Coupe du monde. C'est tellement gros, tellement difficile de se donner de nouveaux objectifs après cela. On bossait moins, plus la même affinité après 2018. Est ensuite arrivé le Covid, je lui envoyais beaucoup de séances, il me faisait des retours jour après jour en vidéo. Mais ça s'est délité gentiment. Il a fini par m'appeler en mars 2021 pour me dire : « Fab, je ne souhaite plus collaborer. » Il avait besoin d'autre chose, je crois. Il annonçait son départ pour les Tigres d'André-Pierre Gignac, au Mexique, quelques semaines plus tard.

À Marseille, après la Coupe du Monde, un deuxième personnage arrive dans ma vie de préparateur physique : Valère Germain. Je le connais. Valère, je le suivais déjà, et ce pendant une décennie. D'abord à Monaco, en Ligue 2, grâce à Yohan Cabaye. Son agent voulait le faire travailler et on avait convenu d'un suivi lors d'un repas à Cap d'Ail. J'avais devant moi un super gamin, un « fils de » (son père Bruno fut un des meilleurs joueurs du Championnat de France dans les années 1980-1990), ce qui est singulier car on est toujours comparés, d'ailleurs très peu de fils d'anciens joueurs réussissent (les Ayew, fils d'Abedi Pelé, avec qui j'ai travaillé aussi).

Bref, Valère est un garçon humble, vraiment gentil. On avait commencé à travailler sur la toute petite terrasse de son appartement à Beausoleil, une commune frontalière de Monaco. Il n'avait pas de grosses qualités physiques, mais un timing incroyable dans le jeu de tête, une intelligence au-dessus de la moyenne qui lui permettait de compenser. Les meilleures années de Valère, c'est quand l'entraîneur jouait à deux pointes devant, dont lui. Une fois, Valère s'était même arrêté pour s'entraîner à Lamastre en montant au Puy-en-Velay visiter un copain à lui.

Il a fait des étincelles en prêt à Nice, où il jouait aux côtés d'un Hatem Ben Arfa qui marchait sur l'eau. Idem à son retour à Monaco. Lors de sa dernière saison en Principauté, en 2017, je travaillais en parallèle à Manchester avec Morgan Schneiderlin. L'AS Monaco jouait là-bas un match de Ligue des champions, en février, contre City. Il m'avait proposé d'aller le voir jouer. Je m'étais retrouvé dans le coin des familles, avec Amandine, sa femme, et ses parents. Valère était sur le banc, à ma grande surprise. Il s'était fait piquer la place par un gamin, un certain… Kylian Mbappé. Je crois que c'est ce soir-là que l'Europe a compris que l'ASM tenait un phénomène mondial. Mbappé, 17 ans seulement, avait donné l'impression de jouer contre des Playmobil.

Naturellement, Valère, qui s'était densifié sur le plan physique, qui avait gagné en explosivité, a moins joué ensuite et a fini par rejoindre l'OM qui avait toujours eu une place particulière dans son cœur. Ç'a été le début d'une descente, malgré de bons débuts là-bas. Il marquait moins, jouait seul en pointe. Et à Marseille, quand on marque moins… Même s'il s'est accroché, ça s'est terminé en eau de boudin. Il a filé pour deux saisons correctes à Montpellier où je l'ai suivi encore un an, joue désormais en Australie où il s'éclate. Lors de notre dernière année à Montpellier, je lui ai demandé, à l'occasion d'une séance commune avec Nicolas Cozza et Khalil Fayad, ce qu'il ajouterait à sa carrière si c'était à refaire. Il m'a dit : « Un préparateur mental… » Il avait eu l'intelligence de le dire devant Khalil, un jeune joueur en plein développement… La dimension psychologique, même si les mentalités progressent, est encore sous développée à mon sens dans le sport de très haut niveau. Le cerveau est un muscle, le sportif un être humain, avec ses émotions, fortes, puissantes, à gérer. Elles surgissent tous les jours, aux entraînements, lors des matches où elles sont démultipliées, mais aussi à la maison, dans la vie de tous les jours. Les compagnes jouent d'ailleurs un rôle essentiel dans leur équilibre et mériteraient parfois des médailles.

Arrive un troisième énergumène à Marseille : Morgan Sanson. Je travaillais avec Anthony Mounier à Montpellier et j'adorais Morgan, le joueur. Antho m'avait confirmé qu'en effet, c'était un très bon joueur, un « dragster », mais qu'il n'aimait pas trop travailler. Comme ils n'habitaient pas très loin l'un de l'autre, Morgan était venu voir une séance chez Antho. Le soir, il nous avait invités à dîner chez lui. Il y avait Jonas Martin aussi, à table, grand pote de Morgan. Et Morgan m'avait proposé : « Pourquoi ne pas envisager quelque chose ? » Sauf que dans la foulée, il s'était pété les croisés.

Ce n'est qu'après que nous avons exercé ensemble. Il s'y est mis comme un acharné, se hissant au niveau d'un Anthony Mounier dans son investissement, un régal, se posant par contre toujours des tas de questions. J'aime beaucoup ce mec, une crème aussi. Il s'était fixé des objectifs, je lui avais demandé ce qu'il visait à deux, trois, cinq ans. Il m'avait parlé de l'équipe de France et de l'Angleterre. Morgan a enchaîné de grosses saisons. Il lui arrivait de venir, lui aussi, à Lamastre. Il a d'ailleurs les meilleurs chronos dans les marches de Macheville. On sera invités à son mariage, ma femme et moi, un grand souvenir.

Puis arrive cette fameuse liste de Didier Deschamps en septembre 2020. Il n'est pas retenu en équipe de France. Je sens qu'il prend un coup énorme derrière la tête, se dit que s'il n'y est pas cette fois-ci, il n'y sera jamais. Il part à Aston Villa en janvier, se blesse au genou en mars, vit son second rêve comme un échec. Je le perds à ce moment-là, il se relance ensuite à Strasbourg, et revient désormais au top niveau avec Nice, ce qui me réjouit.

À Marseille, donc, j'organisais des séances pour les trois : Thauvin, Germain, Sanson, qui étaient voisins d'étage dans une grande résidence. Dans l'ordre, je faisais d'abord Flo Thauvin, puis cinquante minutes plus tard j'allais voir Valère, et enfin Morgan. Comme ces deux derniers sont devenus très proches au point de partir en vacances ensemble, on faisait des séances communes. C'était très sympa. Ils travaillaient bien, dans une ambiance de franche camaraderie.

Voilà. Trois personnages complètement différents au sein d'un même collectif. Trois trajectoires singulières faites de hauts et de bas, de blessures graves, d'échecs et de performances étincelantes. L'un devient champion du monde et peine ensuite à se trouver de nouveau objectifs. L'autre n'est pas sélectionné chez les Bleus en 2020 et cela marque un tournant, puis une résurrection. Le dernier, après n'avoir joué qu'au bord de la Méditerranée, est en Australie et s'amuse comme un fou. C'est aussi cela, le football : des histoires d'hommes aux grandes qualités physiques et humaines, chacun à leur niveau, aux aspirations et aux limites différentes.

La bio de Florian Thauvin

31 ans. Né le 26 janvier 1993, à Orléans (FRA). 1,79 mètre, 70 kilos. Attaquant.

International français : 10 sélections, 1 but, entre 2017 et 2019.

Parcours : Grenoble (2010-2011), Bastia (2011-2013), Lille (août 2013), Marseille (sept. 2013-août 2015), Newcastle (ANG, sept. 2015-jan. 2016), Marseille (prêt, jan. 2016-2017), Marseille (2017-2021), Tigres UANL (MEX, 2021-jan. 2023), Udinese (ITA, jan. 2023-2024).

Palmarès : vainqueur de la Coupe du Monde 2018 (France), vainqueur de la Coupe du Monde (U20) 2013 (France), finaliste de la C3 2018 (Marseille), finaliste de la Coupe de France 2016 (Marseille).

La bio de Valère Germain

34 ans. Né le 17 avril 1990 à Marseille (FRA). 1,80 mètre, 73 kilos. Attaquant.

Parcours : Monaco (2011-2017), Nice (prêt, 2015-2016), Marseille (2017-2021), Montpellier (2021-2023), Macarthur FC (AUS, 2023-2024).

Palmarès : champion de France 2017 (Monaco), champion de D2 2013 (Monaco), finaliste de la C3 2018 (Marseille), finaliste de la Coupe de la Ligue 2017 (Monaco).

La bio de Morgan Sanson

29 ans. Né le 18 août 1994 à Saint-Doulchard (FRA). 1,82 mètre, 70 kilos. Milieu.

Parcours : Le Mans (2012-2013), Montpellier (2013-jan. 2017), Marseille (jan. 2017-jan. 2021), Aston Villa (ANG, jan. 2021-jan. 2023), Strasbourg (jan. 2023-2023), Nice (2023-2024).

Palmarès : finaliste de la C3 2018 (Marseille).

GIGNAC, RAMI, VALBUENA : COURTES, MAIS INTENSES EXPÉRIENCES

Durant ma carrière, j'ai pu côtoyer quelques joueurs sur des laps de temps très courts. J'ai vécu ces moments comme des expériences uniques, passionnantes, différentes, intenses, bien plus qu'elles n'ont été utiles aux principaux intéressés car le travail physique doit se faire dans la longueur si l'on veut progresser.

La première qui me vient à l'esprit m'a conduit outre-Atlantique. J'étais chez Morgan Schneiderlin ce jour-là, à Manchester. Il venait de poster sur Instagram une photo de nous deux en train de travailler. Quelques minutes après la publication, j'ai reçu un message privé : « Bonjour, vous venez quand au Mexique ? » Signé : André-Pierre Gignac, avec un emoji souriant. Morgan a rigolé. Et j'ai répondu du tac au tac : « Je suis là dans quinze jours. Je vous fais un devis. » Je vous avoue que je ne sais pas ce qui m'a pris. Le Mexique. Soit : Lamastre-Lyon-Paris-Mexico-Monterrey. Sept heures de décalage horaire. Et mon agenda qui était pourtant copieusement garni. Je lui ai envoyé mon devis, une fourchette de prix en tout cas, pour trois jours de boulot. Je voulais vivre une aventure, je crois. Tous les joueurs que je connaissais, les Cabaye, Schneiderlin, Gomis, Thauvin, étaient unanimes pour me dire qu'APG était un type super.

J'ai donc préparé ma grosse valise, mon matériel, quinze heures de voyage devant moi. André-Pierre m'avait prévenu qu'il me logerait, qu'il prendrait tout en charge et que quelqu'un viendrait me chercher à l'aéroport. J'ai donc découvert Monterrey, une très belle ville, les montagnes alentour. Son chauffeur m'attendait, je ne parlais pas un mot d'espagnol, je disais à peu près n'importe quoi, le français moyen qui mettait des « o » à la fin de chaque mot. Je vous rassure, ça n'a pas beaucoup changé depuis. Je me souviens d'une chose, sur la route qui nous conduisait à notre lieu de rendez-vous : ces gros pick-up de l'armée remplis de soldats masqués, des grands masques noirs, j'avais l'impression d'être en pleine série télé.

Le premier jour, le chauffeur m'a conduit directement au centre d'entraînement des Tigres. À peine sorti de l'avion, je me retrouvais donc dans un endroit très privilégié à suivre une séance d'un club phare du pays. Imaginez l'impression, les sensations qui m'envahissaient.

André-Pierre est venu vers moi tout de suite, la chaleur humaine incarnée, m'a tutoyé immédiatement, présenté à tout le monde, à Andy Delort qui était là aussi, au staff, avec une énergie débordante. Il m'a proposé de déjeuner avec l'équipe. Je me suis retrouvé à table en face de l'entraîneur. Pas dans l'un de ces restaurants aseptisés de club, non. Dehors, au milieu de cuisiniers qui faisaient braiser plein de viandes et de légumes différents, une vraie farandole, colorée, joyeuse, chacun qui va se servir. Je ne connaissais personne et je me sentais pourtant bien, tellement bien.

L'après-midi, on a rejoint le domicile d'APG. Il habitait dans la banlieue de Monterrey avec son épouse. Et sincèrement, j'ai passé là-bas des moments extraordinaires. Des gens d'une gentillesse et d'une générosité folles, des enfants souriants qui jouaient dans ce grand jardin, une vraie belle famille, le bonheur qui flottait dans l'air partout, dans chaque recoin de ciel. J'ai été magnifiquement reçu. J'avais ma petite chambre, ils me faisaient à manger, ils adoraient, aussi, me faire découvrir la ville, les petits restaurants, me sortir.

Me revient en mémoire cet appel en visio qu'a reçu André-Pierre. J'avais à peine posé mes valises. Je reconnaissais la voix, mais je n'arrivais pas à bien l'identifier. Très peu de gens étaient au courant de l'endroit où je me trouvais. APG a tourné le téléphone en disant : « Regarde avec qui je suis ! » C'était Bafé Gomis. On n'en revenait pas, tous les deux.

André-Pierre m'a fait visiter la maison. Une très jolie maison. La salle de muscu. Je ne sais pas si vous vous souvenez, il avait eu quelques problèmes de poids, notamment quand il jouait à Marseille. Mais comme Bafé, à un moment donné, il avait eu un déclic, il avait compris qu'il devait travailler pour y arriver, pour atteindre ses objectifs. Je vous le redis, au cas où : il n'existe aucun autre moyen.

J'ai d'ailleurs rencontré un APG plutôt fit' là-bas, très sérieux, précautionneux avec son corps, éloigné de l'image qu'il avait en France. Je ne suis pas étonné de le voir jouer encore. Il bosse dur. On a effectué quelques exercices l'après-midi, il m'a demandé ce que j'avais pensé de l'entraînement du matin. On a discuté de tout. On est restés à la maison. J'étais rincé, les émotions, le décalage horaire.

Lors de notre deuxième séance, le lendemain, il m'a demandé si ça ne me dérangeait pas qu'il amène d'autres joueurs. Pas de problème. Est alors arrivé, notamment, l'international argentin Guido Pizzaro. On a donc travaillé dans le jardin où j'avais installé plein de choses. J'ai commencé à souffrir du décalage en fin de journée. D'autant plus quand j'ai entendu APG me dire avec un grand sourire : « Allez, on sort un peu ce soir. On va aller jouer au golf puis dîner. » On s'est retrouvé avec lui et son copain français qui s'occupait de moi dans un parc de golf virtuel. Des gamins. André-Pierre a cette faculté naturelle à mettre les gens à l'aise. J'avais l'impression de le connaître depuis dix ans, j'ai adoré sa simplicité. Je n'avais jamais connu ça dès la première rencontre.

J'ai donc pratiqué un André-Pierre consciencieux, rigoureux. Il n'était pas en vacances au Mexique. Il était là-bas pour devenir le meilleur. Souvenez-vous de ce dont je vous ai déjà parlé : l'importance pour un joueur de se définir des objectifs. Et puis, il faut le voir pour le croire : c'est un dieu vivant là-bas, gentil avec tout le monde, abordable, jamais avare d'une photo, d'un selfie.

Le troisième jour, il m'a emmené assister à l'entraînement collectif au stade de Monterrey. Il y avait la mascotte, du public. Il m'avait rejoint dans les tribunes à la fin de la séance avec son maté dans les mains. Toujours cette proximité. L'après-midi, on était partis avec lui et Guido Pizzaro dans les montagnes, en quête de pentes pour s'entraîner. Le cycle de trois jours touchait déjà à sa fin. Retour chez les Gignac, où m'attendait un maillot des Tigres.

Voilà. Ç'a été aussi court que cela. On s'est dit au revoir et je savais, compte tenu de la logistique et des sommes que cela demandait, que ce serait la fin de la parenthèse. Une parenthèse enchantée, faite de chaleur et de partage, je ne trouve pas d'autres mots.

André-Pierre Gignac n'est pas le seul avec qui la collaboration a été courte. Adil Rami, lui aussi, a fait appel à mes services. C'était juste avant le Covid, fin 2019. Il était champion du monde. Il avait mal vécu l'après-compétition, avait parlé de burn-out, s'en remettait doucement. Il avait d'ailleurs été vivement critiqué pour cela. Il ne faut pourtant pas se voiler la face : beaucoup de footballeurs vivent des dépressions, des vraies. Je ne sais même pas comment Adil a réussi à jouer malgré cela, car quand ça vous tombe dessus, c'est une catastrophe physiquement. Je me souviens d'ailleurs de certains matches qu'il avait traversés tel un fantôme.

Il avait rebondi à Fenerbahçe après une fin d'aventure difficile à Marseille. Cela correspondait aussi à la fin de son histoire avec Pamela Anderson. Morgan Sanson m'avait donné son contact. Je l'avais sollicité, car j'avais déjà quelques joueurs dans le championnat turc et que je n'étais pas à deux jours près sur place.

Le sketch commence. Adil est exactement comme il est à la télévision. Il déconne tout le temps, il est à fond tout le temps, il parle tout le temps. Une tornade, ce mec. On s'est rencontré à Istanbul la première fois, dans un grand immeuble moderne. Il m'attendait dans le hall, en bas, tout près de la salle de musculation. Il avait déjà un préparateur physique en France, mais qui ne se déplaçait pas. On avait convenu de travailler jusqu'à la fin de la saison, sans penser que le Covid s'inviterait dans nos vies.

Je sentais un mec qui avait envie de travailler et de réussir, revanchard, qui avait besoin de parler. On a effectué rapidement un premier travail d'appui. Pas folichon.

Sans surprise, ça manquait d'explosivité, et je ne le mettais surtout pas dans sa zone de confort.

Je ne peux pas dire que je le connaisse, mais Adil, quand il se livre un peu, quand son excitation naturelle descend d'un cran, est quelqu'un d'attachant. Il ne triche pas. On a fait de belles séances à Istanbul, deux jours par mois, quatre ou cinq passages, parfois sur un petit terrain synthétique le soir en bas de l'immeuble. Il faisait aussi les entraînements que je lui transmettais par mail, m'envoyant des vidéos sur WhatsApp d'une quarantaine de secondes où il commençait à chaque fois par « salut le sang, tu m'as tué aujourd'hui ». Parfois, il avait des hauts et des bas, capable de me dire en janvier qu'il arrêtait, puis l'inverse une semaine plus tard. Un personnage. C'est donc le Covid qui a mis un terme à notre collaboration.

Autre collaboration furtive, en 2016, celle avec Mathieu Valbuena. C'est Christophe Baudot, ancien médecin-chef de l'Olympique Lyonnais, une référence que j'avais rencontrée par l'intermédiaire de Florian Thauvin, qui m'avait proposé de m'occuper de Mathieu. Bien sûr, ce profil de joueur m'intéressait.

On s'est vu trois étés, alors qu'il avait rejoint Lyon. Je l'ai retrouvé chez lui à Aix-en-Provence pour une semaine de travail à chaque fois. Le Berlingo, tout le matériel dans le coffre. Jolie maison, joli jardin. Accueil très sympa. On a bossé dans le jardin et j'ai compris très vite le profil du joueur : une petite boule de nerf, un type costaud, tanké, sur chaque appui ça faisait mal. J'ai même été agréablement surpris, je ne m'attendais pas à tant de qualités. J'ai alors saisi pourquoi c'était un très bon joueur de football, habitué à se battre parce qu'il prenait sans cesse des coups, habitué à compenser sa petite taille par une volonté sans faille. Une jolie armure.

Sa gentillesse m'a marqué. Son besoin de parler aussi, autour d'un café, après les séances. On a travaillé dans le jardin, on a parfois trouvé quelques pentes dans la campagne environnante au milieu de champs d'oliviers. De bons souvenirs. On tentera l'aventure à Lyon, en saison, mais Mathieu me dira au bout de quelques semaines que c'était trop difficile pour lui de caler nos séances.

Voilà. Autant de joueurs à qui je n'ai pas été très utile, je crois, mais qui ont renforcé mes connaissances et élargi mon champ de vision. Trois amours, trois tranches de vie, trois personnalités distinctes. Je vous en raconterai d'autres dans différents chapitres qui seront aussi courts que nos collaborations.

La bio d'André-Pierre Gignac

38 ans. Né le 5 décembre 1985 à Martigues (FRA). 1, 86 mètre, 84 kilos. Attaquant.

International français : 36 sélections, 7 buts, entre 2009 et 2016.

Parcours : Lorient (2004-2007), Pau (prêt, 2005-2006), Toulouse (2007-2010), Marseille (2010-2015), Tigres UANL (MEX, 2015-aujourd'hui).

Palmarès : meilleur buteur du championnat de France 2009 (Toulouse), vainqueur du Tournoi d'ouverture 2015, 2016, 2017 (Tigres UANL), vainqueur de la Coupe de la Ligue 2011 (Marseille), finaliste du championnat d'Europe 2016 (France), finaliste du Mondial des Clubs 2020 (Tigres UANL), finaliste de la Copa Libertadores 2015 (Tigres UANL).

La bio d'Adil Rami

38 ans. Né le 27 décembre 1985 à Bastia (FRA). 1,90 mètre, 90 kilos. Défenseur.

International français : 36 sélections, 1 but, entre 2010 et 2018.

Parcours : Fréjus-Saint-Raphaël (2005-2006), Lille (2006-2011), Valence (ESP, 2011-jan. 2014), Milan AC (ITA, jan. 2014-2015), Séville (ESP, 2015-2017), Marseille (2017-2019), Fenerbahçe (TUR, 2019-fev 2020), Sotchi (RUS, fév. 2020), Boavista (POR, 2020-2021), Troyes (2021-2023).

Palmarès : vainqueur de la Coupe du Monde 2018 (France), vainqueur de la C3 2016 (Séville FC), champion de France 2011 (Lille), vainqueur de la Coupe de France 2011 (Lille), finaliste du Championnat d'Europe 2016 (France), finaliste de la C3 2018 (Marseille), finaliste de la Coupe d'Espagne 2016 (Séville FC).

La bio de Mathieu Valbuena

39 ans. Né le 28 septembre 1984 à Bruges (FRA). 1,67 mètre, 58 kilos. Milieu.

International français : 52 sélections, entre 2010 et 2015.

Parcours : Langon (2003-2004), Libourne (2004-2006), Marseille (2006-2014), Dynamo Moscou (RUS, 2014-2015), Lyon (2015-2017), Fenerbahçe (TUR, 2017-2019), Olympiakos (GRE, 2019-2023), Apollon Limassol (GRE, 2023-aujourd'hui).

Palmarès : champion de France 2010 (Marseille), champion de Grèce 2020, 2021, 2022 (Olympiakos), vainqueur de la Coupe de Grèce 2020 (Olympiakos), vainqueur de la Coupe de la Ligue 2010, 2011, 2012 (Marseille), vainqueur du Trophée des champions 2010 (Marseille).

MOUCTAR DIAKHABY, L'ATTENTIF

Évidemment, à l'heure d'écrire ces lignes, Mouctar était dans la position que tout joueur ou passionné de football déteste imaginer. Allongé sur un lit d'hôpital, sortant tout juste d'une opération conduite à Lyon durant trois heures par le docteur Bertrand Sonnery-Cottet. Le genou très, très abîmé. Vous vous souvenez des circonstances ? On était le 3 mars. Un match de Liga entre le Real Madrid et Valence. Une action anodine, voire bête, Aurélien Tchouaméni qui tombe sur le genou de Mouctar, et lui qui se tord de douleur sur la pelouse, sorti sur civière. Le lendemain, diagnostic dramatique du médecin de l'hôpital de Valence, dont les mots résonnent encore et donnent des frissons : « Diakhaby a la blessure la plus grave qu'un footballeur puisse subir au genou. Dans des blessures comme celle-ci, la première chose à vérifier est que le patient puisse à nouveau marcher. C'est effrayant. La luxation a pris le ligament croisé antérieur et le ligament croisé postérieur en avant. Ce sont des blessures très graves, inhabituelles. Pour que l'os sorte, il faut que les ligaments se cassent. On parle de quatre ou cinq ligaments, cela nécessite une étude ultérieure très poussée. »

Ça m'a scié en deux.

J'ai fait sa connaissance par l'intermédiaire de Serhou Guirassy. Un Serhou gêné de me demander s'il pouvait donner mon numéro de téléphone à un copain à lui, international guinéen. Mouctar Diakhaby. Je l'avais vu jouer à l'Olympique Lyonnais, et j'avais encore en tête l'image de ce grand défenseur central, très fin, capable de marquer de la tête. J'aimais.

J'ai donc rencontré Mouctar à Valence, club qu'il avait rejoint en 2018. Un jeune homme très attentif. Capable trois ou quatre mois après un échange de me ressortir une phrase que j'avais pu lui dire. La première séance s'était mal passée pour lui, il avait morflé, était en déficit sur deux ou trois choses bien qu'étant titulaire. Mais il était très motivé, appliqué, sérieux. On travaillait dans un contexte idéal : chez lui, une jolie maison, avec surtout un petit terrain de football synthétique privé au fond du jardin.

Mouctar aimait beaucoup parler après les séances. J'ai découvert un mec d'une grande sensibilité, intelligent, capable d'analyser très finement ses entraîneurs. Ça tombait bien, Valence était un club instable, avec des changements incessants de techniciens. Il en avait donc vu défiler. Je me souviens de son regard sur Gennaro Gattuso, dont je n'étais pas spécialement fan, mais qui à ses yeux l'avait beaucoup aidé sur le placement au poste de défenseur central. Sa vision du poste, ses ajustements tactiques hérités de l'école italienne, Mouctar m'avait confié avoir énormément progressé grâce à lui lors de la saison 2022-2023 avant que Gattuso ne rejoigne Marseille.

J'ai progressé, moi aussi, aux côtés de Mouctar. Dans ma vie d'homme et de préparateur physique. On a beaucoup échangé sur l'Afrique, ce continent que j'avais découvert grâce à la Fifa, souvenez-vous. J'ai écouté un Mouctar passionné par le sujet, attentif aux questions politiques, sociales. Il m'a beaucoup parlé de religion, lui, le musulman. De la Guinée. De son statut d'international. De l'influence qu'il a eue pour que Serhou Guirassy le rejoigne en sélection.

Dire qu'à l'heure où j'écris ces lignes, Mouctar n'est même pas sûr de pouvoir rejouer un jour au football. Lui dont le rêve ultime – et il me l'avait dit dès notre première rencontre – était de rejoindre un grand club anglais. La dernière fois que je l'ai vu à Valence, c'était à l'automne avant la Coupe d'Afrique des Nations. C'est comme si c'était hier, c'était encore un beau moment. Je suis certain qu'il y en aura d'autres.

Je lui ai bien sûr envoyé un message dès le dimanche, pour lui témoigner de mon soutien. Pour lui dire que, quel que soit l'endroit où il sera sur cette planète, je serai là, pour lui dire que tout ce qu'il a semé il le récoltera, que tous les gens qui l'apprécient l'aideront en retour. Il m'a remercié. Quant à moi, je croise les doigts pour lui.

En remontant le fil de nos derniers messages avec Mouctar, je tombe sur un mot de Paul Penhoët, le cycliste de l'équipe Groupama-FDJ, dont je m'occupais avant qu'il ne se blesse lui aussi gravement au genou. Il est en réathlétisation à Capbreton. Il suivait le match avec son collègue de chambre quand Mouctar s'est blessé. Il me dit que tout le monde en a parlé le soir, à table…

La bio de Mouctar Diakhaby

27 ans. Né le 19 décembre 1996 à Vendôme (FRA). 1,89 mètre, 78 kilos. Défenseur.

International guinéen : 14 sélections, 1 but, depuis 2022.

Parcours : Lyon (2013-2018), Valence (ESP, 2018-aujourd'hui).

Palmarès : vainqueur de la Coupe d'Espagne 2019 (Valence CF), finaliste de la Coupe d'Espagne 2022 (Valence CF).

LA FIFA, UNE EXPÉRIENCE UNIQUE

J'étais dans un train ce jour-là, Stéphanie à côté de moi. Nous montions à Paris. On était en 2012. Je lisais France Football. Et j'étais tombé notamment sur un article consacré à Jean-Michel Bénézet, directeur technique de la Fifa en charge du développement et de la formation dans le monde entier. Un proche de Michel Platini. Un mec du Sud-Ouest. Il y racontait ses aventures en Afrique, des anecdotes pas possibles. J'aimais son approche des choses dans cet article.

Il se trouve que dans la construction de mon projet de préparation physique individualisée, j'avais dans un coin de ma tête l'idée de développer un volet dédié à la formation, dont je vous parlerai dans l'ultime chapitre de ce livre. J'ai donc pris mon courage à deux mains et j'ai écrit à ce monsieur. Je voulais aider.

Un mois plus tard, j'ai un retour dans ma boîte à lettres signé Jean-Michel Bénézet. Un texte d'une grande classe dans lequel il me disait qu'il allait parler de ma candidature au sein de l'instance. Six mois plus tard, je recevais un mail de la Fifa qui m'expliquait que mon profil les intéressait afin de donner des cours à des fédérations.

Je n'en revenais pas.

En juin, nouveau mail. J'étais pour de bon convié à donner des cours à des formateurs en préparation physique, en République centrafricaine, à Bangui. Pas d'autres instructions, ni ce que je devais y faire, y développer. Carte blanche. À la maison, personne ne me croyait. J'ai pris une carte du monde pour voir où cela se situait. J'ai vite répondu favorablement. Tout cela m'enthousiasmait beaucoup. Quinze jours avant de partir, en lisant un peu les dernières informations de ce pays, j'apprenais qu'une guerre civile avait éclaté. Face à mon inquiétude, la Fifa, qui ne m'avait pas recontacté depuis, allait se renseigner quant à la situation sur place auprès de son correspondant local puis reviendrait vers moi. Personnellement, inutile de vous faire un dessin, je n'étais plus très chaud. Imaginez la pression familiale ici à Lamastre de me savoir dans un contexte pareil en plein cœur de l'Afrique.

Cinq jours avant le jour du départ, mission annulée. J'étais soulagé, mais aussi persuadé que c'en était fini avec la Fifa, que j'avais loupé le train d'une expérience incroyable. Je me trompais. Septembre 2013, nouveau mail : prochain cours destiné à des préparateurs physiques au Burkina Faso. Pourquoi l'Afrique à chaque fois, vous demandez-vous ? Parce que dans mon courrier initial, j'avais précisé que je ne parlais pas anglais. La Fifa avait donc ciblé les pays francophones pour me faciliter la tâche.

Ma fille, Mia, avait 5 ans. Elle connaissait certaines capitales mondiales par cœur. Quand elle a entendu Burkina Faso, elle a crié fièrement le nom « Ouagadougou » en riant. De mon côté, il convenait d'anticiper désormais les problématiques de papiers, de vaccins, de monnaies. La Fifa m'avait aussi envoyé au préalable une lettre de mission que je devais présenter à mon arrivée, où le correspondant local m'attendrait puis me ferait passer pour tamponner un visa.

J'étais comme un gamin. J'avais préparé mes cinq jours de cours en totale autonomie. Je savais que j'aurais vingt-cinq stagiaires face à moi. Une de mes premières missions serait de vérifier les équipements sur place, ça faisait partie des choses à faire. Pour chaque stagiaire, la Fifa envoyait en amont au siège de la fédération un paquetage avec deux t-shirts, un short, un survêtement, une paire de crampons, des ballons, etc. Sur place, les gens avaient interdiction de les ouvrir avant mon arrivée, ce que je devais checker. La logistique était réglée comme du papier à musique. Départ le dimanche, cours du lundi au vendredi, retour le dimanche suivant. Comme cela faisait un peu long pour moi et que j'avais mon activité en parallèle à développer, ils avaient accepté que je rentre dès le vendredi soir. Voyage en classe business, petits plats dans les grands. Pour moi, le petit Ardéchois qui se promenait partout au volant de mon Berlingo usé, c'était inimaginable, vous vous doutez bien. Gênant, même. J'aurais préféré voyager low cost et que la différence soit donnée aux gens sur place, mais on m'a expliqué plus tard que c'était une utopie, qu'on ne pouvait pas raisonner comme ça. Bon.

Je me souviendrai toute ma vie de mon arrivée au Burkina Faso. À la descente de l'avion, deux personnes m'accueillent. Je me rends vite compte que le mot Fifa agit comme un passeport, tout s'ouvre devant vous, comme quand on a un courrier signé Arsène Wenger en arrivant aux portes du centre d'entraînement d'Arsenal. Chauffeur personnel. Hôtel de luxe. J'ai rejoint les bureaux de la fédération dès le dimanche soir pour vérifier les paquetages, donc, et préparer la salle de cours pour le lendemain. Tout autour, des terres ocre. Retour à l'hôtel. Sur le chemin, la pauvreté. La nuit serait courte. C'était comme une veillée d'armes pour moi. J'étais excité à l'idée de commencer, avais peu dormi.

Le lendemain. Vingt-cinq mecs devant moi, de 20 à 70 ans, en quête de savoirs sur la préparation physique. Le directeur technique national, Ousmane Sawadogo. L'ancien directeur technique national. Je découvre ici le respect des anciens, le respect vis-à-vis de moi alors que ç'aurait dû être l'inverse. Les jeunes sont enthousiastes, les anciens écoutent.

J'avais prévu les thèmes suivants : force, vitesse, endurance, planification, préparation physique chez les jeunes.

J'ai vécu mille choses en cinq jours. Je vous les mets là, pêle-mêle.

Ayant un goût prononcé pour le terrain, vous le savez, je n'avais pas prévu des journées entières de théorie. On est vite allés dehors. Il y avait un terrain en herbe. Les gars m'avaient prévenu : « Faites attention si vous allez chercher un ballon au-delà des limites parce que ce n'est pas tondu. » Oui, et ? « Il y a beaucoup de serpents venimeux. » Et dire que j'ai une phobie inguérissable de ces bestioles… Je peux vous assurer que toutes les frappes ont été cadrées pendant une semaine, plat du pied, sécurité !

Parfois, pendant les cours, il m'arrivait de voir des joueurs transpirer, malades dans la salle. « Ne vous inquiétez pas, c'est la malaria, ça passe », me disaient-ils en souriant.

Au bout d'une journée, il y a aussi eu cette scène où Ousmane Sawadogo m'a embarqué dans sa voiture. Il m'a dit : « Je vous emmène, on va voir le ministre des Sports. » Je trouvais ça dingue. Je me refaisais le film. Lamastre. L'Ardèche. La Fifa. Le Burkina Faso. Ouagadougou. Le ministre des Sports. J'ai été reçu magnifiquement. J'ai rencontré un homme passionné de football. Le pays était en pleine préparation pour un match de qualification à la Coupe du monde contre l'Algérie. La ferveur, la sélection, la gestion des primes, tout n'était qu'effervescence.

La semaine a été fantastique. Alors que la pauvreté et la misère sont partout au Burkina Faso, j'ai découvert, petit à petit, que c'est le pays du sourire. Les gens sont d'une incroyable gentillesse. Ils n'ont rien, mais te donnent tout. Ça m'a estomaqué. Il y a eu le pot de départ, le dernier jour. Les cadeaux : un boubou que j'ai enfilé immédiatement, les larmes aux yeux. Le plus ancien a fait un grand discours que tout le monde a écouté, il m'a offert des livres qu'il avait écrits, m'a invité à manger dans un restaurant assez huppé de la capitale. J'ai hésité parce que tous les autres participants voulaient aussi que j'aille manger avec eux, avec les mains, dans un boui-boui local. Ne pouvant pas choisir, ne voulant pas choisir, j'ai mangé deux fois.

J'ai eu du mal à me remettre de cette expérience. J'en suis revenu changé. C'était humainement fort. Je leur ai dit de ne pas se standardiser, de ne pas tout calquer sur les Européens dans leur façon d'aborder la préparation physique, et particulièrement les échauffements avant les matches. Quoi de plus beau que de voir ces équipes africaines qui se préparent en cadence, en chantant, en tapant dans les mains. On peut faire les choses de la bonne manière tout en conservant ses racines. Ces racines, c'est leur force. J'avais interpellé le ministre des Sports en lui disant, aussi, d'arrêter d'embaucher des staffs étrangers, de privilégier la formation des gens du pays. Ou alors, s'il y avait des employés venus d'ailleurs, de leur imposer des adjoints locaux formés. Il y a deux ans, on a reçu chez nous un préparateur physique qui venait de Ouagadougou.

Quand vous rentrez, vous avez un rapport à envoyer à la Fifa afin d'expliquer, de raconter comment cela s'est passé. Ce que j'ai fait avec grand plaisir.

J'ai vécu deux autres expériences de la sorte. Au Gabon où j'ai complètement changé d'ambiance. C'était différent, plus riche, des gens toujours fantastiques, accueilli par le staff de la sélection, Jorge Costa à sa tête. Leur préparateur physique est venu suivre mes cours. Je les ai emmenés sur la plage pour travailler.

La dernière, c'était le Cameroun, après avoir refusé le Sénégal et le Maroc par manque de temps. Je ne pouvais accorder à la Fifa qu'une semaine par an dans mon agenda, en juin. Pour moi, le Cameroun, c'était 1982, la Coupe du monde, c'était 1990, Roger Milla. Là-bas, je me suis retrouvé face à une audience dont une partie ne parlait qu'anglais… La panique. Heureusement, tous comprenaient quand même le français.

J'étais logé à l'hôtel sur le mont Fébé, à Yaoundé. Dans la pente y menant, j'ai vu des centaines de personnes faire du sport, courir, marcher sur un ruban d'un kilomètre de long. Vous connaissez mon goût pour les exercices sur les marches de Macheville ou dans tout type d'escaliers. J'avais l'impression d'arriver au paradis, rendez-vous compte !

Là-bas, comme au Burkina Faso, j'ai été convié à plusieurs cérémonies. Dont une lors de laquelle on m'a présenté des joueurs de 1982, justement, cette Coupe du monde qui m'avait tant marqué. Je me suis retrouvé à papoter avec Thomas Nkono, le gardien de but de mon enfance, notamment.

On a bien travaillé là-bas aussi. Les mecs ont accroché, m'ont invité à un tournoi de quartier. Je m'attendais au tournoi de sixte de Lamastre. Au lieu de cela, des centaines de personnes, des speakers, des sonos, des lignes de corner approximatives, des équipes qui se donnent corps et âme. J'ai tellement aimé cette immersion…

J'ai honoré ainsi un contrat de trois ans d'instructeur pour la Fifa. En 2019, infarctus. En 2020, le Covid. Ça s'est terminé ainsi. Je reprendrai contact parce que cela ouvre à des gens, à des choses magnifiques, différentes, à des peuples, à des cultures. À la vie. C'est après ces expériences que j'ai créé FormaFoot, mon cycle de formation annuel de trois jours à Lamastre. C'était évident. C'était l'une de mes idées de départ.

AVEC SERHOU GUIRASSY DANS LES PARKINGS DE STUTTGART

Je vous le dis d'emblée : pour moi, Sehrou Guirassy était le successeur naturel d'Olivier Giroud en équipe de France. Son jeu dos au but, sa capacité à prendre la profondeur, son jeu de tête. Il avait toutes les qualités pour y aller. J'écris cela au passé car il a fait le choix de la Guinée et qu'on ne le verra donc jamais sous le maillot bleu. Quel regret.

J'ai cru très vite en Serhou. Dès notre première rencontre. Elle n'aurait pourtant jamais dû avoir lieu. C'est son frère qui m'avait appelé, trouvant mon numéro de téléphone je ne sais comment. Je pensais connaître à peu près bien le football, mais le nom de Serhou Guirassy ne me disait pas grand-chose. On était en janvier 2019, il venait de signer à Amiens, équipe coachée par Luka Elsner, en Ligue 1. Comme je ne le connais pas, je reste évasif. Son frère négocie un peu le prix et on convient de se rappeler. Je me renseigne, je cherche, je lis. Sorti de Laval, ce gamin était parti à Cologne où il avait peu joué pendant trois ans, trop souvent blessé. Je regarde des matches. Et je commence à me dire que, tout de même, il a quelque chose, sans compter que j'adore les attaquants. Ce que je vois me plaît. Surtout, je ressens que ce joueur est un potentiel mal exploité.

Je finis par dire oui. Amiens, c'est la Picardie, pas pratique du tout pour moi. Je charge le Berlingo et j'y vais. Une petite maison toute simple. Un jardin. Une terrasse. Serhou n'est pas un grand bavard. On se met donc au travail pendant deux jours. Et non seulement Serhou bosse, mais je le trouve en plus très attentif, très à l'écoute. Il analyse, il prend de l'info, il veut comprendre, mais sans le dire pourquoi on fait tel ou tel exercice. Il est immense, costaud, pas de problème de poids. Un vrai avant-centre moderne. Ça colle tout de suite.

Je lui ai demandé où il voulait aller. Il m'a répondu, sans fanfaronner – ce n'est pas le genre du garçon : « Le plus haut possible, un gros club anglais et l'équipe de France. » Il en est loin, bien sûr, mais il visualise, il a des objectifs. Il est, je pense, au bon endroit au bon moment à Amiens. Avec, en plus, un certain Mathieu Bodmer qui y terminait gentiment sa carrière. Toujours cette belle patte, allant moins vite, un rôle de grand frère dans le vestiaire. Serhou avait dû se renseigner un peu auprès de lui.

On a trimé, vous me connaissez. Je lui ai fait travailler son explosivité sur les trois premiers mètres, un classique. Je lui ai demandé de baisser les épaules au moment de ses prises de balle, de baisser ainsi son centre de gravité. Il était alors capable de mieux prendre la profondeur en se retournant. Il était naturellement très fort dos au but. Techniquement très bon.

Dans ma tête, c'était l'équipe de France pour lui. J'en étais sûr comparé à tout ce que j'avais vu jusque-là. Il progresse, il marque. En juin, il vient s'entraîner chez moi à Lamastre. Morgan Schneiderlin est passé le prendre à l'aéroport de Lyon puis ils sont descendus en voiture. On part courir dans les bois, on s'exerce dans les marches de Macheville, sur le terrain de foot du village. Pour les faire décompresser un peu, je les amène dans les locaux du Tir sportif du Haut-Vivarais pour une initiation au tir à 10 mètres. Camille, la femme de Morgan, est là aussi et on s'amuse beaucoup. On enchaîne avec le tir à 25 mètres, avec les casques et les balles. On crée du lien pendant trois jours. Serhou est souriant, un vrai gentil.

La saison commence sur de bonnes bases. Il signe définitivement à Amiens qui valide l'option d'achat contre 6 millions d'euros à Cologne. Il n'est plus blessé. Je suis convaincu que plus un joueur travaille, moins il se blesse. Dès qu'on commence à baisser les charges, c'est dangereux. Serhou marque dès la deuxième journée de championnat. Je le vois jouer contre Marseille, je le trouve au-dessus. Il nous invite avec ma femme et mon fils à Lyon ; pareil, je le trouve au-dessus des 21 autres joueurs. Il vient nous voir sur le bord du terrain, s'assure que tout va bien, que l'on est bien installés, que l'on a fait bon voyage. Et la saison se passe à merveille. Il est rigoureux, fait tous les exercices que je lui envoie en dehors des séances à domicile. Quand je monte, c'est avec plaisir. La pandémie de Covid s'invite, Amiens sera relégué en fin de saison, mais Serhou a marqué 9 buts en 23 matches et attire des clubs. Dont le Stade Rennais qui met 15 millions sur la table.

Ce sera donc direction Rennes et le golf de Cicé-Blossac où il loge d'abord dans un appart-hôtel. Je me dépêche de monter car il signe tard, fin août, et n'a pas de temps à perdre. Il marque assez vite à Nîmes. Il déroule ces fameuses actions que j'adore : il décroche, décalé sur un côté, file dans la surface et marque. À la construction puis à la finition. Imparable. En octobre, contre Krasnodar, il inscrit le premier but de l'histoire du club en Ligue des champions. À l'occasion d'une interview pour L'Équipe, il confirme qu'il pense à l'équipe de France. Comme Clément Grenier est aussi au Stade Rennais à cette période et qu'il est très connaisseur, je lui demande ce qu'il pense de Serhou et de cette question de l'équipe de France. Ils n'ont pas d'affinité, c'est le moins que l'on puisse écrire, mais Clément me dit qu'en effet, ce n'est pas impossible par rapport à ce qu'il voit aux entraînements et en matches.

Tout se passe très bien les trois ou quatre premiers mois. Puis il joue moins, ce qui ternit un peu sa saison qui ne sera que correcte. L'arrivée de Bruno Genesio en remplacement de Julien Stéphan sonne la fin pour Serhou. Un jour il met un triplé, la semaine suivante il est remplaçant. La concurrence s'intensifie. Je sais que Serhou est touché, mais il ne lâche rien. Il ne manque jamais une séance, conscient que c'est un plus. La situation perdure. Quand il entre en jeu, il est efficace.

Mais petit à petit, il voit son rêve de l'équipe de France lui échapper. La Guinée le sollicite en début d'année 2022. Il décide de répondre favorablement. Ça m'a un peu désarçonné. On envisageait tellement les Bleus. J'ai compris assez vite son choix, néanmoins. Quand vous vous retrouvez à chaque trêve internationale avec cinq joueurs à l'entraînement pendant 15 jours, les jeunes du centre de formation faisant le compte, ça vous fait ruminer. Serhou, compte tenu de ce contexte, avait besoin de prendre l'air. Ce pays pouvait finalement le lui permettre et devenir un cocon favorable où le projet de Kaba Diawara, le sélectionneur, tournait autour de lui.

Alors qu'il est toujours sous contrat à l'été 2022, co-meilleur buteur du Stade Rennais en compétitions européennes avec cinq buts, je sens un départ possible. On redouble d'efforts. Je monte trois fois en trois semaines pendant le mois de juin, 1 800 bornes aller-retour à chaque fois. Je ne voulais pas le lâcher. Je sentais qu'il allait partir et qu'il fallait qu'il soit en forme pour son futur club.

Ce sera un prêt avec option d'achat à Stuttgart. Il inscrit son premier but le 10 septembre face au Bayern Munich. Naturellement, après une saison à 14 buts, le club lève l'option d'achat de 9 millions d'euros pour un contrat jusqu'en 2026. Là-bas, Sehrou est de nouveau au-dessus du lot. J'y reviens : à chaque fois que je le vois jouer, je me dis que c'était vraiment le remplaçant naturel de Giroud en équipe de France. Bref, Stuttgart, c'est huit heures de route, une ville industrielle, carrée. Pas fun. La famille Guirassy habite en plein centre-ville, la croix et la bannière pour se garer. Là-bas, on travaille dans un parking géant, au huitième sous-sol, au milieu de centaines de voitures, avec mes gros élastiques, mes boxes, ma Kbox. On appuie sur ses thèmes de prédilection : dos au but, se retourner, prendre la profondeur. Il fait sept bons mois, se blesse aux adducteurs et repart en forme deux mois plus tard.

Cette saison, il explose aux yeux de l'Europe. C'est mérité. C'est évident, ai-je envie de dire. Il y a quelque temps, on a fait une séance là-bas. Pour la première fois de ma vie, il m'a emmené dans les locaux du club afin de bosser. Je me suis retrouvé un début d'après-midi avec lui, dans la salle de musculation, pendant que le préparateur physique en charge de la réathlétisation des blessés travaillait avec des joueurs. Serhou a pris une telle importance là-bas qu'on ne lui dit rien. J'aurais été prépa physique du club, je n'aurais pas aimé.

Serhou a changé de statut à Stuttgart. Sur le terrain, c'est un leader, il harangue, il parle, il motive, il engueule. Il y a beaucoup d'espaces dans ce championnat allemand, ça marque des buts, il est pourvu en ballons, il les aimante. Il est au centre du système. On en revient souvent au même point avec les joueurs. Pourvu qu'ils soient aimés… Et lui, je l'aime beaucoup…

Serhou sait où il veut aller. Il aime le foot, le jeu, il est curieux. Il veut, et il aura ce grand club, j'en suis convaincu, pourvu qu'il continue à travailler comme il le fait.

La bio de Serhou Guirassy

28 ans. Né le 12 mars 1996, à Arles (FRA). 1,87 mètre, 82 kilos. Attaquant.

International guinéen : 16 sélections, 3 buts, depuis 2022).

Parcours : Laval (2013-2015), Lille (2015-jan. 2016), Auxerre (prêt, jan. 2016-2016), Cologne (ALL, 2016-jan. 2019), Amiens (jan. 2019-2020), Rennes (2020-2023), VfB Stuttgart (ALL, prêt, 2022-2023), VfB Stuttgart (ALL, 2023-2024).

JEAN-PHILIPPE MATETA, MON PETER PAN

Je crois que Jean-Philippe Mateta est le joueur le plus singulier à qui j'ai eu affaire. Jamais beaucoup de mots. Jamais beaucoup de phrases. J'ai fait sa connaissance alors qu'il jouait sa dernière saison à Mayence, en Allemagne, en 2020. C'est son conseiller, M. Salah, qui m'avait appelé. Il avait entendu parler de moi du côté de Lyon, un club par lequel Jean-Philippe était passé. Je voyais à peu près qui c'était, je savais que c'était un attaquant, mais j'ignorais presque tout de son profil. Avant Lyon, il était passé par Le Havre, en Ligue 2, mais je ne regardais pas assez pour avoir une idée précise du joueur.

Un attaquant, ça m'intéressait. La Bundesliga aussi. Je voulais donc échanger avec lui. Son conseiller me l'a alors passé au téléphone, il était à côté de lui. Et là, je crois que j'ai vécu l'échange le plus lunaire de ma vie. J'avais à l'autre bout du fil un enfant dans un corps d'adulte.

Des questionnements décalés, pas habituels à ce moment-là de la prise de contact. Je n'ai pas eu le droit aux traditionnels « comment vous fonctionnez ? », « combien de temps vous venez ? », « combien ça coûte ? », « quels genres d'exercices vous mettez en place ? », rien de tout cela. Il m'a interrogé sur des choses très simples. Il m'a demandé, avec une candeur absolue : « On me dit qu'il ne faut pas travailler la veille des matches, est-ce que c'est vrai ? » Je lui ai répondu que oui, on peut notamment travailler l'explosivité jusqu'au matin même du match, à condition de bien doser, mais j'ai été surpris. En vérité, j'avais même l'impression qu'il ne comprenait pas tout ce que je lui disais, je devais me répéter. Mais même si l'appel m'avait refroidi un peu, ce n'était pas grave, j'avais envie d'essayer avec lui, d'aller voir s'il avait du potentiel.

J'ai donc chargé le Berlingo, direction Mayence, cité industrielle bien éloignée de la beauté d'une ville comme Hambourg, et je suis arrivé chez lui. Un bordel pas possible, là-dedans. Il a déplacé des affaires sur le canapé pour me faire une place, on s'est assis et on a commencé une nouvelle discussion lunaire durant laquelle j'ai fini par me demander ce que je faisais là. Son chien, un molosse, une arme de guerre, s'était invité et je dois dire que j'étais de moins en moins à l'aise. Jean-Philippe adore les chiens. Pour couper un peu court, je lui ai proposé de commencer une séance.

J'avais repéré une pente. Je l'ai donc convié à travailler là, avec la ferme intention de pousser les curseurs tout de suite pour voir ce qu'il avait dans le ventre.

Physiquement, je réalise que c'est un monstre. Grand, costaud. Avec des jambes très fines, loin des standards, étonnant. Petit à petit, au fil de la séance, Jean-Philippe s'ouvre, les échanges deviennent de plus en plus consistants, il s'intéresse, pose plein de questions, veut comprendre l'intérêt de chaque exercice. Une bonne surprise.

Et surtout, le mec est une machine, il envoie, il bosse. Je le perçois fort sur le jeu dos au but, capable de prendre la profondeur. En fait, il me fait penser à Serhou Guirassy. Donc, un profil que j'adore. Et dans ma tête, comme pour Serhou, j'ai la conviction que c'est un profil à la Olivier Giroud, moins talentueux sans doute car il marque moins, mais qu'il a quelque chose. Un talent, un truc. Ça me plaît, le challenge me plaît.

La question qui revient le plus souvent dans la bouche de Jean-Philippe est la suivante : « À quoi ça me sert ? » Question qu'il était capable de me poser à nouveau le mois suivant sur le même exercice. Ça me fait sourire en y repensant parce que, même si c'est plutôt bon signe, c'est assez désarmant les premières fois. Et puis c'en devient attachant. En réalité, j'avais mon Peter Pan franco-congolais, né dans le 93, en banlieue parisienne, qui cheminait un peu tout seul dans ce monde bizarre du football de haut niveau, qui se battait pour trouver sa place.

Sa vie tout entière était axée sur le football. Il ne pensait qu'à ça, qu'à sa réussite. « Fabien, comment on fait pour bien récupérer ? » ; « Fabien, comment on fait pour bien dormir ? » Vous voyez, ce genre de questions ? Il avait tout compris. Il était très sérieux. Il me faisait confiance. Il rêvait déjà de l'équipe de France.

Je crois qu'il m'aimait bien. Il était même venu en stage à Lamastre, gentil, très discret, toujours aussi peu de mots, accompagné de son conseiller qui, lui, parlait pour deux, voire pour lui. Ça équilibrait.

Évidemment, comme il a progressé à Mayence, des offres plus conséquentes sont arrivées sur la table. Dont celle de Crystal Palace en Premier League. Un beau club qu'il a rejoint en janvier 2021. Je l'ai suivi là-bas, c'était facile, j'avais déjà ma petite routine en Angleterre. Il habitait à Wimbledon dans un très bel appartement. Je me souviens de son frigo, de ces petites phrases écrites sur des bouts de papier. D'une, notamment : « Je dois marquer 15 buts cette année. » Le vélo d'appartement dans la cuisine. Dans la cuisine, un cuisinier. Jean-Philippe avait compris l'importance de ce genre de détails qui mènent à la performance. Il mettait des choses en place. Et toujours ses questions qui me désarçonnaient un peu : « Fabien, est-ce que je peux faire un sauna ? » Oui, tu peux, mais ça dépend à quel moment. « Fabien, est-ce que tu me conseilles le bain froid ? » Oui, tu peux aussi, mais jamais après une séance de force. Il y a eu une vraie mode des bains froids ou encore de la cryothérapie il y a quelques années. Cela peut être intéressant pour la récupération, mais il ne faut pas l'utiliser n'importe quand ni après n'importe quel type d'effort.

Manque de chance, à Crystal Palace, Jean-Philippe ne tombera jamais sur un entraîneur qui lui fera pleinement confiance. Il avait pourtant tout, il travaillait pour, mais non. Il pouvait ne pas jouer pendant quatre mois jusqu'à ce que le club se retrouve mal classé, panique et ne lui rouvre la porte. Évidemment, il flambait pendant deux mois, puis était à nouveau mis de côté. C'est l'histoire de sa carrière en Angleterre, en tout cas de ses trois premières années.

Pour autant, il ne lâchait jamais. Il était fermé, il parlait encore moins dans les périodes plus difficiles, mais il ne lâchait pas le travail. C'est une valeur refuge chez lui. Ça l'a été, aussi, quand il a perdu son papa en 2022. Il ne s'est jamais épanché sur la question, mais je l'avais trouvé très touché pendant plusieurs mois. Je crois que cela a constitué un tournant. Je ne l'ai pas lâché pour autant, je l'ai soutenu, même si c'était moins agréable. Je crois vraiment au potentiel de ce garçon.

C'est aussi à la faveur de la blessure d'un coéquipier, par exemple d'un Odsonne Edouard, qu'il ressortait du chapeau. Sa force était toujours de répondre présent, d'être performant car avide de marquer et préparé en amont. C'était d'ailleurs son malheur : à chaque mercato, Jean-Philippe songeait à partir, mécontent de son temps de jeu, mais comme il flambait à chaque fois juste avant, le club le déclarait intransférable. Étonnant, non ?

Depuis l'arrivée d'Oliver Glasner à la tête de l'équipe, les choses ont évolué. Le coach autrichien a compris. Il a même décalé Odsonne Edouard sur un côté pour installer Jean-Philippe au poste d'attaquant de pointe et, comme par hasard, ça fonctionne. Il manque encore un peu de stats, mais il pèse.

On travaille toujours ensemble, cinq ans que ça dure, on fait nos petites séances à Wimbledon tous les deux. Souvent dehors, parfois chez lui. Il s'est rouvert, je trouve, cette saison. Il est très demandeur, aimerait que je vienne plus souvent. On accentue le travail dos au but avec l'idée de se retourner très vite et d'exploser. Toujours aussi focus sur la performance, il m'envoie ses statistiques après chaque match, ce que font peu de joueurs.

On est parti d'un peu loin tous les deux, mais je prends du plaisir à aller le voir. C'est mon ovni. C'est un mec qui ne part pas en vacances à Dubaï, mais plutôt au Brésil où il passe du temps dans les quartiers très populaires, quand ce n'est pas New York. Il est tourné vers ce côté-là du globe. Il est différent, silencieux, dans son truc à lui.

C'est Jean-Phi dans sa vie, champion de France de National avec la Berrichonne de Châteauroux qui se fait sa petite place en Angleterre, capable de peser face à des équipes comme Manchester City. J'aimerais le voir jouer un jour avec un club qui a la possession. On l'annonce à Stuttgart, au Bayer Leverkusen. On verra. En tout cas, il ne dévie pas. Il est sur le bon chemin, son chemin.

La bio de Jean-Philippe Mateta

26 ans. Né le 28 juin 1997 à Sevran (FRA). 1,92 mètre, 82 kilos. Attaquant.

Parcours : Châteauroux (2015-2016), Lyon (sept. 2016-2017), Le Havre (prêt, 2017-2018), Mayence (ALL, 2018-jan. 2021), Crystal Palace (ANG, jan. 2021-2024).

Palmarès : champion de France de National 2017 (Châteauroux).

CHARLOTTE BILBAULT, OCÉANE DESLANDES… ET LES FÉMININES DE LAMASTRE

J'ai reçu un jour un appel d'un kiné, Damien Dinomais, qui était passé en formation chez moi, à Lamastre. Il m'avait prévenu : « Je sais que ce que je vais te proposer n'entre pas dans tes critères financiers habituels, mais je crois que tu as des joueurs à Montpellier et, là-bas, j'ai deux féminines qui aimeraient bien travailler. » En effet, je lui dis immédiatement que ce ne sera pas possible.

C'est drôle parce qu'alors même que je lui disais non, mon cœur me disait oui. Parce que j'étais, dans ce laps de temps de dix secondes, en train de penser à Mia, ma fille. Elle avait 14 ans, adorait le football, une vraie passionnée. Et je me disais que les seuls exemples que je pouvais lui donner depuis si longtemps n'étaient que des mecs. C'était il y a deux ans.

J'ai donc changé d'avis. Du moins, dans un premier temps, j'ai accepté de discuter avec elles. Elles ? Charlotte Bilbault et

Océane Deslandes. Charlotte est internationale française, milieu de terrain, titulaire indiscutable sous Corine Diacre. Océane, plus jeune, est internationale Espoir, défenseure. Les deux jouent, donc, à Montpellier.

Je les ai eues une première fois au téléphone, l'une après l'autre. Super contact. Elles voulaient travailler ensemble parce qu'elles étaient très copines, parce que ça pouvait diviser le prix des séances, aussi. J'ai vite balayé ce point, en leur faisant le tarif de monsieur et madame Tout-le-Monde, un peu comme à Aravane Rezaï à mes débuts. Leurs salaires étaient tellement bas par rapport aux mecs, deux économies, deux marchés, deux mondes complètement différents. Pour autant, l'investissement est le même. La sueur est la même.

Je voulais tenter l'aventure. Je voulais prouver à Mia que les filles aussi, en travaillant dur, pouvaient y arriver. J'avais des a priori sur les footballeuses, je ne vais pas vous le cacher. Pas sûr qu'elles soient très travailleuses, j'avais peur aux crêpages de chignons. Bref, toutes ces conneries. Je dis ça parce que j'ai découvert deux perles, deux nanas fantastiques.

Je descendais à Montpellier pour Nicolas Cozza et Khalil Fayad quand je les ai rencontrées pour la première fois. Les premiers tests ont évidemment confirmé des standards physiques complètement différents de ceux des garçons que j'avais jusque-là. Mais elles m'ont fait me poser plein de questions nouvelles, je lisais dans des livres des travaux sur la question des cycles menstruels chez les sportives, je cogitais sur les charges de travail à adopter, à adapter, je me renseignais sur les volumes d'entraînement en club, etc. Ça me passionnait, ça me sortait de ma zone de confort.

On a donc fait notre première séance à la plage, vous connaissez mon goût pour le sable. Ça a piqué un peu, forcément. Charlotte n'était pas vraiment explosive, mais je voyais surtout qu'elle avait un autre problème : elle était blessée. On n'aura donc pas fait énormément de séances ensemble, néanmoins elle aura toujours été là pour accompagner Océane et travailler a minima.

Y compris jusqu'à Lamastre, à l'occasion d'une trêve internationale. Elles étaient venues de l'Hérault, avaient dormi dans le studio. On était en octobre 2022. Deux jours. Elles sont arrivées avec des maillots pour Mia, un de l'équipe de France, trois de Montpellier, pleines de petites attentions, des produits du terroir. D'une simplicité folle, marrantes, gentilles. Des longues discussions à table, dans lesquelles elles abordaient le problème du statut des footballeuses professionnelles, de ces coéquipières qui travaillaient à côté pour subvenir à leurs besoins, de Lyon et Paris qui sont deux locomotives, mais qui cachent une forêt de problèmes, de l'état de certaines pelouses, etc.

À Lamastre, tandis qu'on faisait très léger avec Charlotte, Océane pouvait, elle, augmenter les charges de travail. Son explosivité, notamment, a progressé de façon exponentielle tout au long de la saison. Je suis allé les voir chaque mois, avec envoi de séances entretemps, comme pour les garçons. Charlotte a fini par revenir les dernières semaines. Elle a d'ailleurs retrouvé l'équipe de France, elle a marqué, puis a subi comme d'autres la tempête autour de Diacre. Elle a fait partie des premières « victimes » d'Hervé Renard lors de sa prise de fonction, qui avait sans doute besoin de marquer son territoire, de faire des choix forts en écartant des cadres. Cela m'a attristé pour elle, d'autant que, souvenez-vous, j'ai beaucoup d'admiration pour Hervé Renard. Ainsi va le football de haut niveau.

Tout ça pour vous dire que Charlotte et Océane nous ont enchantés, vraiment. Pour des raisons budgétaires et parce que je n'allais plus à Montpellier, on n'a pas pu continuer au-delà d'une saison. Mais on reste en contact régulier.

Cette rencontre avec elles a aussi été le point de départ d'une aventure complètement inattendue pour moi. À Lamastre, Mia jouait au foot avec trois copines, toutes les quatre mélangées aux garçons. Voyant l'exemple de Charlotte et Océane, elles ont alors décidé de monter leur propre équipe. Elles ont collé des affiches partout dans le village et aux alentours, elles ont développé une campagne sur les réseaux sociaux, et ça a fonctionné : en quelques semaines, elles n'étaient plus quatre, mais dix-sept ! Il leur a donc fallu un coach. En août dernier, j'ai replongé dans le football amateur. On est cinq entraîneurs : mon vieil ami Thierry, Quentin, Stéphane, Coco et moi. On a aussi un coach pour les gardiennes. Il n'y a jamais eu un staff technique aussi fourni à Lamastre pour une équipe. J'arrive à me libérer pour les matches et un entraînement sur deux environ, souvent le vendredi soir.

Je dois dire qu'on s'éclate avec nos U18 féminines (Amélie, Amélia, Angéline, Éva, les deux Léa, Ambre, Margaux, Gaïa, Clémence, Lucille, Justine, Océane, Mia, Lisa, Kelly, Jade). Elles sont exceptionnelles de volonté, d'envie, d'engagement. À défaut d'être au-dessus techniquement, on porte nos valeurs, à savoir : mettre le pied, mettre le pied et mettre le pied. Toutes nos adversaires savent à quoi s'attendre quand elles débarquent sur notre terrain. Les gamines se battent chaque week-end. Le dimanche, à domicile, c'est génial ; il y a eu plus de 150 spectateurs, une fois. L'objectif initial était simple : marquer un but. Chemin faisant, partant de rien, on s'est dit qu'une victoire, ce serait bien aussi. Finalement, on a terminé 2e sur une poule de quatre. On a donc été rebasculés dans une nouvelle poule, de cinq équipes cette fois, et notre ambition est de la gagner, face à des filles qui jouent ensemble depuis des années.

Le 23 février dernier, on les a emmenées à Lyon voire jouer l'équipe de France femmes en Ligue des nations contre l'Allemagne. J'avais dans un coin de ma tête un autre objectif pour elles : les emmener voir Océane et

Charlotte à Montpellier, prendre des photos avec elles, passer une belle soirée tous ensemble.

Le rêve des filles s'est réalisé le 24 avril dernier. C'était formidable. On a visité le centre d'entraînement, à Grammont, où tout est regroupé avec les garçons, après une journée de football sur la plage du Grand Travers. Toutes les portes se sont ouvertes au passage de notre bus d'Ardéchois. On a eu droit à une arrivée VIP. Océane nous a rejoints, nous a fait visiter tout le centre en long, en large et en travers, répondant à toutes les questions. Dans une grande salle, une dame lui a donné deux grands sacs. Océane est allée en chercher un troisième dans sa voiture. Elle les a tendus aux filles. À l'intérieur, dix-huit maillots de Montpellier, des paires de crampons. Elle a pris la parole pour nous remercier de notre présence, pour nous dire combien à ses yeux le monde amateur était important. Elle nous a collé des frissons, la petite…

Puis on a filé au stade assister au match entre Montpellier et Saint-Étienne. Océane était suspendue, elle m'avait prévenu deux jours avant de partir. Charlotte, elle, était touchée au genou et m'avait donc dit qu'elle n'entrerait en jeu que dix minutes. Avant le coup d'envoi, elle m'a envoyé un SMS : « Fab, tu es là, j'ai la pression ! » À la fin du match, alors qu'on remontait dans notre minibus direction Lamastre, on a vu Charlotte courir vers nous en short pour nous signer des posters, des maillots, faire des photos avec tout le monde.

Voilà pourquoi j'aime beaucoup ces filles et le monde amateur. Ça reconnecte.

La bio de Charlotte Bilbault

34 ans. Né le 5 juin 1990 à Saint-Doulchard (FRA). 1,69 mètre, 65 kilos. Milieu.

Internationale française : 45 sélections, 1 but, depuis mai 2015.

Parcours : Soyaux (2007-2009), Yzeure (2009-2010), Montpellier (2010-2014), Soyaux (2014-2015), Juvisy (2015-2017), Montpellier (2023-aujourd'hui).

La bio d'Océane Deslandes

23 ans. Né le 26 juillet 2000 à Laval (FRA). 1,69 mètre, 61 kilos. Défenseure.

Internationale française U20 : 3 sélections depuis 2019.

Parcours : Vaiges (2006-2012), FA La Bonne Lorraine (2012-2015), Le Mans (2015-2018), Reims (2018-2022), Montpellier (2022-aujourd'hui).

S'ILS ÉTAIENT TOUS COMME ELISHA OWUSU...

Elisha fait partie de toute cette nouvelle génération très intéressée par la préparation physique, consciente de l'importance d'un accompagnement individualisé pour progresser. Je pense à Serhou Guirassy, Jean-Philippe Mateta, Mouctar Diakhaby. Elisha, sur le papier, ne faisait pourtant pas partie de mes standards habituels. Il jouait en Ligue 2, à Auxerre, après être passé par Lyon, Sochaux, La Gantoise. Il était néanmoins international ghanéen, ce qui avait compté dans ma réflexion après l'appel de son agent en septembre dernier.

J'avais rencontré son agent six ans plus tôt, à Lyon, dans un hôtel du quartier Confluence. Il m'avait donné rendez-vous parce qu'il avait entendu parler de mon travail et qu'il était intéressé pour que je pratique avec quelques joueurs à lui. Mais au moment d'évoquer les tarifs, il m'avait dit que pour le moment, ces chiffres ne correspondaient à aucun de ses joueurs. Je l'avais trouvé intéressant, curieux, on avait passé un bon moment.

Quand il m'a appelé en septembre dernier, c'était pour me parler d'un certain Elisha Owusu. Inconnu au bataillon. Jamais entendu parler. Auxerre. Ligue 2. Bof. International ghanéen. Pas mal. Il m'a alors expliqué que c'était quelqu'un d'hyper sérieux, me rappelant tout ce que l'on avait évoqué six ans plus tôt. Les joueurs intéressants, pour moi, ont trois critères sur lesquels je ne transige pas : ils doivent être rigoureux, ambitieux et payer. Ce dernier point peut vous paraître anecdotique, mais il est important. Je vous raconterai une ou deux mauvaises expériences sur ce point à la fin de ce chapitre.

On était en pleine trêve internationale. J'ai donc demandé, dans un premier temps, à avoir un échange en visio avec Elisha. Ce n'était pas simple car il était au fin fond du Ghana, mais son agent a quand même organisé tout ça. Le lendemain, j'ai fait face à un garçon sérieux, qui me disait qu'il avait faim, envie de réussir, que c'est avec moi qu'il voulait travailler, qu'il avait entendu parler de moi par l'intermédiaire de Bafé Gomis. Tout bien. Les tarifs ? Il allait se débrouiller.

De mon côté, j'avais un peu creusé son histoire. Elisha avait un parcours atypique. Formé à l'Olympique Lyonnais où il n'avait jamais percé, prêté ensuite à Sochaux, vendu en Belgique à La Gantoise où il joue et explose, puis

Auxerre en Ligue 1. En fouillant un peu plus, je m'étais aperçu qu'à Auxerre, il s'était blessé gravement au tendon d'Achille. Il connaissait les galères. Il avait tout vécu, il était déterminé, il entrait en fait dans tous mes critères.

Depuis septembre, je me régale avec lui. On travaille sur le parking devant son adresse. On axe sur la position du bras, sur les petits périmètres car c'est un milieu de terrain récupérateur, sur son côté box to box qu'il doit encore parfaire. Ça fait sept mois qu'on ne lâche rien. C'est un mec formidable. Il est à l'écoute, il est dans le dialogue permanent, il veut tout comprendre, il me questionne, il me remercie dix fois par message, il travaille comme un fou.

Je lui demande aussi une chose : se concentrer sur le rôle de patron qu'il doit endosser. Il a toutes les qualités pour. Souvent, les matins de match, il m'envoie un message : « Fab, aujourd'hui c'est moi le patron. » Et c'est le cas, le soir. Il a pris une belle dimension, il est la pierre angulaire du coach, Christophe Pélissier, il est vice-capitaine. Avec l'OL, il avait été champion de France des 17 ans en 2014 et était déjà capitaine de l'équipe en Youth Cup. Pas étonnant, Elisha est rassembleur, il a un leadership naturel, il est aimant, il fait preuve d'empathie, et il a soif de gagner. Il est en train de devenir une référence au poste de 6 en Ligue 2 et sa progression me plaît beaucoup.

Je monte à Auxerre une fois par mois. Notre séance terminée, il m'invite toujours à dîner le soir avec son épouse et leur fils. Il veut constamment être dans le partage et dans l'échange. Son papa est pasteur. Passionnant. Une famille croyante, aimante, une épouse tournée vers la performance de son mari. C'est une alchimie que j'aime beaucoup.

Je ne sais pas comment les choses vont se dérouler pour lui, mais j'y crois. Il est focus, il a une vision, des objectifs. Tout pour retrouver la Ligue 1, donc. C'est rafraîchissant, réconfortant de travailler avec des gens comme ça, fiables et sérieux.

Plus qu'avec d'autres. J'ai travaillé notamment avec les frères Ayew, André et Jordan, Ghanéens eux aussi. Une tout autre histoire qui s'était mal terminée, notamment pour des retards de paiement. Un vrai regret, surtout avec Jordan. Il est venu me chercher lorsqu'il jouait à Aston Villa, recommandé lui aussi par Bafé Gomis. C'était un très bon joueur, un énorme travailleur, talentueux. Je l'ai ensuite suivi à Swansea, à raison d'une séance par semaine, ce qui était énorme, puis à Crystal Palace. À Swansea, il a été élu meilleur joueur de la saison et il m'a dédié son prix. J'aurais aimé travailler avec lui jusqu'au bout, c'était un acharné de boulot et un gamin agréable.

On croise de tout dans ce milieu. Si on ne pouvait avoir que des Elisha Owusu. Retenez bien ce nom.

La bio d'Elisha Owusu

26 ans. Né le 7 novembre 1997 à Montreuil (FRA). 1,79 mètre, 62 kilos. Milieu.

International ghanéen : 8 sélections, depuis 2022.

Parcours : Lyon (2010-2019), Sochaux (prêt, 2018-2019), La Gantoise (BEL, 2019-2023), Auxerre (2023-aujourd'hui).

Palmarès : vainqueur de la Coupe de Belgique 2022 (La Gantoise).

LA FORMATION, MON NOUVEAU CAP, AVEC FORMAFOOT

Je vous l'ai dit, dans mon projet initial j'avais dans un coin de ma tête l'idée de développer un volet formation. Il s'agissait là de transmettre tout le savoir que j'avais pu accumuler pendant deux décennies auprès des joueurs de football, plus largement des sportifs de haut niveau à travers la planète. Redonner.

On m'a mis en garde au début. David, mon salarié, était contre : « Ne penses-tu pas que tu vas te tirer une balle dans le pied en formant d'autres préparateurs physiques ? Ne penses-tu pas que tu vas finalement mettre sur les rails ta future concurrence ? » Au contraire, il s'agissait pour moi de faire monter en compétence des gens intéressés, passionnés par ce domaine. J'étais aussi convaincu que cela permettrait d'élargir mon réseau, d'enrichir mes propres connaissances grâce à d'autres façons de penser, de poser un regard sur ce travail. Je n'ai donc pas écouté ces quelques remarques. J'ai foncé. Et j'ai bien fait.

La première formation avait eu lieu à Lamastre, évidemment, dans mon fief. C'était l'une des conditions non négociables. Tout comme l'installer au mois de mai en se calant sur la seule semaine sans pont, sans jour férié. C'était en 2013. La mairie nous avait mis à disposition les installations du club de football. N'allez pas imaginer un complexe féérique. Non, juste une salle de réunion, le terrain (magnifique en revanche), ce qui était parfait. Quel était l'objectif ? Accueillir une vingtaine de personnes pendant trois jours dans le village, qui dormiraient, mangeraient, consommeraient à Lamastre. Rendre à mon village. Être l'ambassadeur de mon village. Gîtes, hôtels, chambres d'hôtes, j'avais tout réservé. Je voulais que les gens se retrouvent entre eux, puissent échanger après les cours, dormir ensemble par petits groupes, faire leur propre réseau, passer du bon temps en pleine nature. Le premier jour, on se retrouverait tous à déjeuner à la maison le midi ; le dernier jour, Stéphanie préparerait un buffet avec toutes les spécialités locales sur la table de la terrasse, dans les bois.

Ça, c'était pour le côté pratique. Le contenu, maintenant : j'ai couché mes idées sur quelques feuilles blanches, dans le prolongement finalement de ce que j'avais commencé avec la Fifa. Comment je teste les joueurs, comment je construis mes séances, comment on développe force, vitesse, endurance, explosivité, préparation physique générale. Je voulais m'adresser à tout le monde : joueurs, entraîneurs, préparateurs physiques, kinés. Comment le faire savoir ? Je n'avais pas les moyens pour faire de la publicité. J'ai donc simplement posté un message sur Facebook et Instragram.

On s'est retrouvé avec quinze personnes, j'avais jugé cela incroyable ; vivant toutes dans un rayon de deux heures de route, des Lyonnais, des étudiants en STAPS, des salariés de clubs amateurs, des gens qui me connaissaient grâce au bouche-à-oreille, d'autres qui m'avaient vu dans le reportage Intérieur Sport de Canal+ consacré à Yohan Cabaye.

J'ai tâtonné un peu le premier jour de cette première formation. Au bout de quinze minutes, j'ai dit aux stagiaires : « Allez hop, tout le monde dehors. » Et on est allés sur le terrain. Échauffement à ma manière. Et on a enchaîné comme ça les allers-retours entre théorie et pratique.

Cette première session s'est tellement bien déroulée, les retours avaient été si positifs, que c'était parti pour renouveler l'aventure l'année suivante. Puis la suivante, puis la suivante. Au fil des ans, la population a beaucoup évolué. Une majorité de préparateurs physiques, bien sûr, mais aussi de plus en plus de kinés. Surtout, des gens qui venaient petit à petit de toute la France, puis de toute l'Europe francophone et enfin du monde entier. En une dizaine d'années, j'ai eu des Burkinabés, des Québécois, des Algériens, des Belges, des Suisses, des banlieusards parisiens, des musulmans, des catholiques, des protestants. Toutes les cultures, tous les pays, toutes les religions. Des gens qui ne sont pas dans le moule. J'ai même eu un Youtubeur, une fois : Antoine Même. Il faisait sur cette plateforme ce que l'on proposait déjà, mais avec des joueurs amateurs. Il voulait monter en compétence. Tout cela, c'était la plus belle des récompenses pour moi. Chaque année, tout le monde repart avec les numéros de téléphone de tout le monde et je sais qu'ils se donnent du travail entre eux. Je pense notamment à Sélim, un très bon préparateur physique belge qui a fait ici la connaissance de deux excellents kinés, Rémi et Nourredine, lesquels travaillaient pour la sélection algérienne, avec qui il s'était très bien entendu. Ils sont restés en contact, ont travaillé ensemble sur quelques joueurs.

J'ai vécu des sessions inoubliables. Celle où il avait plu des seaux d'eau pendant trois jours non-stop. Celles où on organisait un vrai match de football à la fin, entre nous. Celles où tout à coup s'invitait le cycliste Sandy Dujardin qui passait par-là à vélo pendant une sortie d'entraînement. Celle où quelques joueurs professionnels venaient partager leur expérience. Anthony Mounier pendant une heure en visioconférence ; Carl Medjani, chaque année, qui vient expliquer sa vie pendant une heure, le pourquoi du comment il a eu besoin d'une préparation physique individuelle en plus de son travail en club, et par quels moyens il a progressé.

Apprendre, créer un réseau, mettre de l'humain au milieu de tout ça. Voilà. Si j'ai pu travailler avec Nicolas Batum, vous l'avez lu, c'est parce que Serge Costa, aujourd'hui entraîneur adjoint au Havre, était venu à cette formation et connaissait Bouna Ndiaye, l'agent du basketteur qui était à la recherche d'un préparateur physique individuel sur un laps de temps de quelques semaines.

L'autre leçon, c'est que la peur peut bloquer et vous faire passer à côté de belles choses. Osez, n'ayez pas peur et si vous vous trompez, ce n'est pas grave, vous aurez appris quelque chose.

Je ne suis pas dogmatique dans mon approche, je ne le serai jamais. À chaque exercice sur le terrain, chacun peut apporter son vécu, est encouragé à proposer autre chose. On progresse tous ainsi.

J'ai voulu en faire plus. L'âge avançant, ayant moins envie de parcourir le monde, convaincu par ces dix années à conduire des sessions de formation, j'ai franchi un nouveau cap l'hiver dernier en créant carrément un organisme : Formafoot. J'ai pu le mettre sur pied grâce à un ancien stagiaire qui avait sa propre boîte de formation multidisciplinaire destinée aux petites et moyennes structures, une formation diplômante d'un an. On a pris un café ensemble, et ça a fait tilt.

J'ai affiné le projet. Je veux en faire une plateforme de référence pour tous les praticiens du sport. Trois parcours au programme : la préparation physique, la data, et la réathlétisation.

J'ai toujours considéré qu'il fallait s'entourer des meilleurs. La partie data est donc gérée par Bastien Angeloz, datascientist de renom dans le milieu du sport, intervenant à Lamastre depuis cinq ans car ancien préparateur physique au centre de formation de l'OL, passé ensuite dans le domaine de la data pure au PSG handball notamment. Il est capable d'aller au-delà du simple travail de datascientist, il peut coder, créer des algorithmes, il a suivi les meilleures formations possibles et imaginables. La réathlétisation, compte tenu du nombre de blessures aujourd'hui dans le sport de haut niveau, est également devenue un point essentiel dans le travail des préparateurs physiques. C'est Paul Rigaudeau, dont c'était la spécialité à Clairefontaine puis à l'Olympique Lyonnais, qui est notre expert dans le domaine. Paul a créé un parcours de soixante-dix heures, avec, entre autres, deux jours de présentiel consacrés à toutes les pathologies chez les jeunes, les professionnels, les féminines.

Pour le volet consacré à la préparation physique, on propose désormais trois parcours au choix : le classique, vingt-quatre heures, trois jours à Lamastre ; un mix avec les trois jours à Lamastre plus du distanciel et de l'e-learning ; enfin, que de l'e-learning pour ceux qui préfèrent. On dispose aussi d'un quatrième parcours : du mentorat.

Je viens de faire cela avec un préparateur physique des îles Canaries. C'était en janvier dernier. Il voulait se former et était très pressé. Mai était complet, je ne pouvais pas l'ajouter. Je lui ai donc concocté deux jours complets de mentorat en e-learning. Les mecs ont parfois besoin, envie, d'avoir un mentor.

On complète l'équipe dédiée à la préparation physique de Formafoot avec Sylvain Chareyre, préparateur physique au Servette, à Genève. Un bosseur acharné, formé dans tous les domaines, spécialiste de la force, qui va aller très haut…

On fait donc du présentiel, du distanciel. Les rendez-vous s'enchaînent à l'OL, Saint-Priest, Dunkerque, PSG, OM. Les clubs sont demandeurs, veulent former leurs apprentis, leurs salariés, leurs alternants. Et pour moi c'est un bonheur indéfinissable. J'y crois dur comme fer. J'y mets désormais quasiment toute mon énergie.

LES CONSEILS DU COACH

I. LE PLUS COMPÉTENT POSSIBLE TU SERAS

La compétence est la première qualité du préparateur physique. Plusieurs choix s'offrent à vous.

1. Se former

Par la voie universitaire, par les brevets d'États, par les diplômes que délivre la Fédération française de football, par des formations privées de qualité dont vous avez eu des échos très positifs (www.formafoot.fr).

Important : il est indispensable de **se former durant toute sa carrière.** Cela fait trente ans que je suis, chaque année, une formation. C'est plus ou moins intéressant, mais peu importe : on rentre toujours à la maison avec un petit truc en plus dans sa boîte à outils.

2. Entraîner

Préparateur physique, entraîneur sont les seuls métiers où, à partir de 16 ans, on peut prendre en charge une équipe dans n'importe quelle ville ou n'importe quel village de France, sans contrainte et, de fait, se retrouver rapidement **en situation**, donc **en réflexion**, donc **en progression**.

II. L'EMPATHIE SERA TON UNIQUE VOIE

S'il y a une qualité humaine et une seule que doit avoir et développerau maximum le préparateur physique, c'est l'empathie. À savoir : comprendre les émotions et sentiments de l'autre.

1. Écouter votre joueur

Oui, écoutez-le. Après vingt ans de pratique, je peux vous assurer que les thèmes de conversations peuvent être très variés : les boîtes de nuit, Snapchat, le muscle, les investissements immobiliers, la nutrition, les choix de l'entraîneur, la compagne, les cryptomonnaies. Ne l'interrompez pas à tout bout de champ. Ne donnez pas constamment votre avis, ce n'est pas votre rôle.

2. Mettez-vous à sa place

Avoir joué au football vous permet de savoir ce que le joueur ressent après une blessure, une défaite à la dernière minute d'un match. **Apprenez à sentir** quand il faut ou non laisser un message, motiver, réconforter.

3. Soyez patient

Selon les joueurs, une relation de confiance peut apparaître immédiatement ou bien elle peut se construire pas à pas au fil des mois. **Acceptez-le sans juger.** Ils se protègent beaucoup.

4. Persévérez

C'est comme avec nos séances de préparation physique : c'est la répétition qui fait aussi la qualité et la constance du travail. **N'abandonnez pas** pour un oui ou pour un non.

III. LA CURIOSITÉ TU DÉVELOPPERAS

Les préparateurs physiques actuels ont une chance incroyable en ce qui concerne l'accès à l'information : elle est partout, tout le temps, et elle est gratuite.

Rien ne vous empêche d'écouter un **podcast.** Personnellement, je dois en écouter deux ou trois par semaine lors de mes temps de trajet.

Ne négligez pas les **articles** de vulgarisation scientifique.

N'hésitez pas à assister à un **entraînement** dans un club. Généralement, les staffs sont ravis de partager leurs expériences.

Osez écrire, si vous vous questionnez sur des données, des exercices ou des recherches, à un **spécialiste.** On est toujours bienveillant avec les gens curieux.

Et si vous avez une question, voici mon mail : **fabienrichard07@gmail.com.**

IV. D'UN MENTOR TU T'INSPIRERAS

Au-delà de vous inspirer, cette personne doit vous guider. Elle doit avoir réalisé des choses vers lesquelles vous voulez aller.

Pour une grande partie de mes joueurs, Cristiano Ronaldo a été un mentor. Comment mange-t-il ? Comment dort-il ? Comment s'entraîne-t-il ? Comment s'habille-t-il ? Anthony Mounier s'est beaucoup questionné quand le tennisman Novak Djokovic a basculé dans un régime sans gluten. Pourquoi pas ?

Questionnez-vous, vous aussi. **Apprenez vos défauts** sans en avoir peur. Plusieurs stagiaires considèrent désormais que je suis comme un mentor pour eux, une notion à laquelle j'avais du mal à me confronter au début. Jusqu'à ce que j'évolue, que je considère ce que je fais comme un moyen d'accélérer les compétences des uns et des autres, de centrer le débat non pas sur moi, mais sur sa finalité. Un mentor, ce n'est pas un gourou que l'on suit les yeux fermés.

Soyez en alerte, aiguisez votre sens critique, méfiez-vous des réseaux sociaux qui déforment la réalité, surjouent des vies rêvées, que ce soit du côté des athlètes ou de ces coaches personnels qui se vantent de cumuler un grand nombre d'abonnés sur Instagram. **Ne croyez qu'à la préparation physique, au travail, à la compétence.** Certains sont des référents dans leur domaine, suivez-les, écoutez-les, questionnez-les.

V. D'ADAPTATION TU FERAS PREUVE

En vingt ans de pratique, je dois compter sur les dix doigts de la main le nombre de séances préparées sans avoir eu à les modifier en cours de route.

Oui, si vous êtes en permanence à l'écoute de votre joueur, les choses évoluent souvent avec rapidité, parfois même dans l'instant. Dès votre premier échange, avec ses premières attitudes, le contenu peut évoluer. **Adaptez tout de suite votre comportement,** votre posture, votre positionnement par rapport à lui, votre entrée dans la séance. « Fab', je suis cuit ». Là, boostez tout de suite, engagez une séance ludique, ou plus forte, ou plus classique. Ayez toujours un plan A, un plan B, un plan C, tout en conservant l'objectif initial de la séance.

Même chose pour votre organisation logistique. Si on adore tous qu'un plan « se déroule sans accroc » pour reprendre la célèbre réplique d'Hannibal Smith dans L'agence tous risques, il ne se passe pas une seule semaine sans changement de dernière minute. Le jour de la séance, le lieu. **Adaptez-vous.** N'oubliez jamais que vous êtes **au service du joueur.** C'est ainsi que j'ai construit ma carrière au fil des années.

VI. DE FONCER TU CHOISIRAS

Trop réfléchir, c'est renoncer, c'est renforcer l'imposteur qui est en vous.

Qui n'éprouve pas ce syndrome désormais identifié en des termes psychologiques au lancement de sa carrière ? Qui ne s'est pas posé ces questions : est-ce que je suis prêt, est-ce le bon moment, est-ce que tout est cadré et rentre dans les cases ? Vouloir tout savoir, tout maîtriser est bien souvent une excuse pour ne rien faire… et renforcer ainsi ce syndrome de l'imposteur.

Si vous voulez, au contraire, tuer l'imposteur qui sommeille en vous, voici quelques conseils.

1. Créez **un tableau de compétences** et de réussites associées.

2. **Évitez la comparaison** aux autres. Si vous êtes un jeune préparateur physique, ne vous comparez pas à quelqu'un qui a vingt ans d'expérience, inspirez-vous de son vécu au tout début de sa carrière. C'était le même que le vôtre, sa formation était la même que la vôtre. On a le même niveau.

3. Répète-toi cette phrase : « **Tout est possible.** »

4. **Brûle tes vaisseaux.** Agathocle de Syracuse, lorsqu'il débarque ses troupes en Afrique du Nord, vers le ive siècle avant Jésus-Christ, fit brûler tous ses navires. Pourquoi ? Pour exprimer sa volonté de vaincre ou périr.

VII. TOUJOURS PRATIQUER TU DEVRAS

Le préparateur physique qui ne pratique pas est un imposteur.

1. Pratique pour toi-même

On ne vous demande pas des performances olympiques, si vous étiez sportif de très haut niveau, ça se saurait. Mettez en place une routine hebdomadaire, trois séances, cela vous obligera à réfléchir et surtout à tester. J'ai la chance d'habiter ce petit village de Lamastre, une terre sur laquelle passe une course de référence pour les cyclistes : l'Ardéchoise. J'y ai participé, j'ai même emmené des joueurs comme Steven Moreira (mémorable) ou Lionel Carole. Je fais beaucoup de vélo avec mes amis, **la nature est mon bureau.** Je ne vois pas passer les deux ou trois heures de sortie, je rentre **plein d'idées** nouvelles et **mes projets sont plus structurés.**

2. Entraînez-vous à vous entraîner

J'ai repris **une licence de dirigeant amateur.** J'entraîne ainsi les U18 féminines de Lamastre, le week-end. C'est une catégorie inconnue pour moi. J'apprends toutes les semaines. C'est un bonheur total. Ces filles ont une volonté incroyable. **N'hésitez pas,** sollicitez, allez-y.

VIII. TON RÉSEAU TU DÉVELOPPERAS

Quatre piliers sont essentiels pour réussir : compétence, empathie, famille et… réseau.

Oui, compétence, empathie, famille et réseau. Si l'un de ces quatre piliers venait à s'écrouler, alors c'est tout l'édifice que vous avez construit qui pourrait s'effondrer. Le réseau en fait partie. **Chaque connaissance doit conduire vers une nouvelle,** un client, un contact, un joueur, un agent, un avocat.

Soyez visible, ayez faim de développement. Lorsque j'ai commencé avec Hatem Ben Arfa, je savais qu'il s'entendait très bien avec Mathieu Bodmer dans le vestiaire lyonnais. Je lui ai demandé s'il voulait bien faire le facteur pour moi, lui déposer une lettre.

Vous n'avez pas de clients chez les joueurs professionnels, vous n'avez pas de contact à ce niveau ? **Commencez plus bas,** en National 3, en Régional 1. **Ne négligez aucun secteur.** L'essentiel est que l'on sache ce que vous faites. N'oubliez pas les associations, les lieux de rencontres. Ne dit-on pas que grâce à cinq relations on peut toucher le président de la République ?

Est-il utile de vous rappeler de donner avant d'espérer recevoir ? **Oui, donnez d'abord** avant de penser à ce que vous pourriez gagner.

Sortez de votre zone de confort. Je sais combien il est compliqué pour certains de prendre son téléphone pour appeler un inconnu. Peu importe. Allez-y. Prenez en amont toutes les informations possibles sur le sportif, tentez une analyse complète de son profil.

Enfin, **entretenez votre réseau.** N'oubliez personne en cours de route. Tout le monde est important, même une fois votre mission achevée.

IX. UNE VISION TU PROJETTERAS

C'est quoi, la chance ? C'est un projet préparé qui rencontre une opportunité.

Quand je me suis lancé dans cette quête de devenir préparateur physique individuel en 2003, les premières questions auxquelles je devais absolument répondre étaient les suivantes : où en suis-je ? J'ai 24 ans. Suis-je formé ? J'ai mon diplôme universitaire Cometti de prépa. Est-ce que je sais ce qui se fait au plus haut niveau ? Je viens de rentrer de mon stage à Arsenal ou j'ai été accueilli par Arsène Wenger.

Ensuite ? **Où est-ce que je veux aller ?** J'ai collé trente feuilles format A3 sur toutes les baies vitrées de la maison. Dessus : j'avais noté tout ce que je voulais développer, ça allait du coaching individualisé à la formation, en passant par la nutrition, la maison d'édition, etc. J'ai tout écrit noir sur blanc, tout. Vingt et un ans plus tard, j'ai réalisé 90 % de mes objectifs.

Quel est votre plan ? **Posez vos objectifs** à court terme, ils dessineront votre succès à long terme.

Autre chose : **balayez les croyances,** les pollutions du genre « Ça ne marchera jamais ». Évitez ces gens qui vous rabaissent, tracez votre chemin.

Vous échouerez parfois. **Sortez grandi des épreuves** en tirant les leçons. Les feed-back sont indispensables, prenez le temps de les faire. Pourquoi mon joueur n'avait pas les jambes, pourquoi est-il fatigué ? Améliorez votre planification. Et n'oubliez pas cette phrase de Winston Churchill : « Le succès, c'est d'aller d'échec en échec sans perdre son enthousiasme. » Bref, soyez résilient.

Fêtez votre réussite sans tomber dans l'autosatisfaction, puis **redéfinissez vos objectifs,** mettez la barre un peu plus haute encore… La différence entre un joueur moyen et un grand joueur se joue là, dans le fait de redéfinir ses objectifs. Rappelez-vous tous ces joueurs pour qui l'après-Coupe du monde 2018 a été compliqué. C'est la même chose pour vous.

X. TA FAMILLE TU PROTÈGERAS

Tout projet commence et se termine ici.

Vous imaginez mon épouse et mes enfants qui, pendant toutes ces années, m'ont supporté, encouragé, sachant que je partais un jour sans jamais savoir précisément quand j'allais rentrer, et ce huit mois sur douze, voire plus ?

J'ai inventé à cette occasion un critère très important à mes yeux : le TPF, à savoir le **« temps passé en famille »**. Il doit être a minima de soixante-douze heures par semaine. Je dois avouer que si, pour diverses raisons (avion en retard, séance décalée, etc.), mon TPF devait se réduire, je devenais dingue.

J'essayais, aussi, d'avoir, pendant l'équivalent d'un mois par an, un membre de la famille avec moi. Le plus souvent c'était Stéphanie, qui a pu découvrir pas mal de pays. De temps en temps, c'était mon fils Gaspard, parfois Lilie et Mia quand on faisait des voyages familiaux où il m'arrivait de caler une séance avec un joueur (Dubaï pour Yohan Cabaye, l'Italie pour Anthony Mounier).

Bref, **ne négligez jamais votre socle.** Comme dirait Bastien Angeloz, scientifique du sport : « On ne construit pas une maison sur des marécages. »

CE LIVRE EST DÉDIÉ

À ma femme Stéphanie, la seule au monde capable de gérer notre aventure, le capitaine de notre équipe ;

À mes enfants, Lilie, Gaspard et Mia, la charnière de notre équipe, mes raisons d'être (merci d'avoir soutenu mes absences, par contre pouvez-vous accepter que je me calme un peu, maintenant ?) ;

À mes parents, Christiane et Jean-Paul, pour le type d'éducation qu'ils m'ont prodigué ;

À mes grands-parents Georges et Juliette, des commerçants incroyables (mon grand-père a été le héros de mon enfance, m'emmenant partout en livraison avec lui, et m'hébergeant tous les mardis soirs) ;

À mes grands-parents Angèle et Iréné, marchands de charbon (ma grand-mère m'a élevé et m'a tellement aimé… et moi donc…) ;

À ma marraine Arlette, the best of the marraines dont je suis le filleul préféré (et unique aussi) et mon cousin Alain ;

À ma sœur, Marie-Françoise (encore pardon pour la fléchette et la chute de voiture) ;

À mon oncle Henri, qui a été un super parrain ;

À ma belle-famille pour leur simplicité et leur accueil permanent ;

À ma superbe belle-sœur ;

À mes amis d'enfance et fils de commerçants (Alex, Fred, Nico, etc.) ;

À la rue Noire ;

Au club de football de l'entente sportive Lamastroise (maintenant ASVD) et tous ses bénévoles extraordinaires (ne voulant oublier personne, je préfère ne citer personne) ;

À tous mes entraîneurs (Bougne, Pato, Jean-Louis, Dede, Guy, Gaby, Pascal, Bernard, Tony) ;

À tous mes amis joueurs de l'ESL côtoyés pendant trente-cinq ans ;

À tous les joueurs que j'ai entraînés dans le monde amateur (des débutants aux séniors) ;

Aux professeurs d'EPS (le seul cours qui m'intéressait) de collège (Marc au public et André au privé) ;

À tous mes amis de l'IFAPS (rien n'est racontable ici) et de l'UFRAPS de Lyon (que de rencontres et soirées inoubliables) ;

Au LEP Marc Seguin (ainsi qu'à mes copains de la communauté éducative) et à tous ses élèves qui m'ont beaucoup appris ;

À Jean-Louis Merandat ;

Au gang des Mèches Plates (Soka, Aurelie, Thierry, Catherine, Ludo, Delphine, Cyril, Valerie, Denis, Sorraya, Pascal, Jacky, Régis, Seb) ;

À tous mes sportifs professionnels avec qui cela est et a été, plus qu'une aventure sportive, une aventure humaine (vous vous reconnaîtrez) ;

À la FIFA pour ces découvertes incroyables ;

À Raymond Bouit et Christine Gayte, ainsi que le personnel soignant de l'hôpital Élysée Charras pour m'avoir sauvé la vie ;

À la ville de Lamastre et tous les Lamastrois qui œuvrent à son développement et sa reconnaissance médiatique ;

À l'Ardèche (Ardéchois cœur fidèle) ;

À la France.

Et surtout à TOUS ceux qui tentent.

L'ABÉCÉDAIRE DES SPORTIFS ET SPORTIVES AVEC QUI J'AI TRAVAILLÉ

A

Rayan AÏT-NOURI
Baptiste ALOÉ
Ibrahim AMADOU
Benjamin ANDRÉ
André AYEW
Jordan AYEW

B

Demba BA
Djamel BAKAR
Yoan BARBET
Nicolas BATUM
Nadir BELHADJ
Hatem BEN ARFA
Romain BEYNIÉ

Charlotte BILBAULT
Julien BLANC
Mathieu BODMER
Ryad BOUDEBOUZ
Sofiane BOUFAL

C

Yohan CABAYE
Rémy CABELLA
Adelson CABRAL
Kévin CABRAL
Liassine CADAMURO-BENTAÏBA
Lionel CAROLE
Gaëtan CHARBONNIER
Saliou CISS
Papiss CISSÉ
Nicolas COZZA

D

Mohamadou DABO
Joris DELLE
Kévin DENKEY
Arnaud DÉMARE
Océane DESLANDES
Issiar DIA
Abdoulaye DIABY

Mouctar DIAKHABY
Sinaly DIOMANDÉ
Yehvann DIOUF
Sandy DUJARDIN

F

Khalil FAYAD

G

Jean-Philippe GBAMIN
Valère GERMAIN
Rudy GESTEDE
Rachid GHEZZAL
André-Pierre GIGNAC
Nicholas GIOACCHINI
Bafétimbi GOMIS
Maxime GONALONS
Yoan GOUFFRAN
Clément GRENIER
Gana GUEYE
Baptiste GUILLAUME
Serhou GUIRASSY

H

Massadio HAÏDARA

I

Giannelli IMBULA

K

Bengali-Fodé KOÏTA
Thimothé KOLODZIEJCZAK

L

Pierre LATOUR

M

Riyad MAHREZ
Sadio MANÉ
Jean-Philippe MATETA
Carl MEDJANI
Bernard MENDY
Steven MOREIRA
Endrit MORINA
Anthony MOUNIER

N

David NGOG

O

Elisha OWUSU

P

Vincent PAJOT
Paul PENHOËT
Miralem PJANIC
Paulin PUEL
Grégoire PUEL

R

Adil RAMI
Loïc RÉMY
Aravane REZAÏ
Kévin RODRIGUES

S

Romain SAISS
Edgar SALLI
Killian SANSON
Morgan SANSON
Ismaila SARR
Morgan SCHNEIDERLIN
Maxime SPANO
Romain SPANO

T

Madih TALAL
Florian THAUVIN

Warren TCHIMBEMBÉ
Anthony TURGIS

U

John UTAKA

V

Jérémy VACHOUX
Mathieu VALBUENA

Y

Mapou YANGA-MBIWA
Yusuf YAZICI

Z

Zeki ÇELIK
Jacques ZOUA

ÉGALEMENT CHEZ TALENT ÉDITIONS

TIM GROVER

DEVENEZ ACCRO
AU SUCCÈS
avec la méthode Tim Grover
Les secrets du coach
de Michael Jordan
pour devenir un compétiteur acharné
Talent Éditions

Imprimé en France par CPI Firmin-Didot
en mai 2024
N° d'impression : 179531
Dépôt légal : juin 2024

Talent Éditions est engagé dans le développement durable afin de limiter l'empreinte carbone de la fabrication de ses livres. Soucieux de l'impact environnemental de notre métier, nos ouvrages sont imprimés en France sur du papier certifié issu de plantations gérées de manière écoresponsable. Les livres non commercialisables sont recyclés et réutilisés pour la fabrication d'autres produits cartonnés.